洋経済

マンション熱狂と盲点

週刊東洋経済 eビジネス新書 No.451

マンション 熱狂と盲点

本書は、東洋経済新報社刊『週刊東洋経済』2023年1月7日・14日合併号より抜粋、加筆修正のうえ制作しています。情報は底本編集当時のものです。（標準読了時間 120分）

マンション　熱狂と盲点　目次

大手デベロッパーの新たな激戦区

東京・赤羽「億ション」開発の衝撃

「『あの赤羽の案件を落札した』と、三菱地所の社員はしたり顔でしたよ」。都内の不動産売買会社の幹部は苦笑する。

「あの案件」とは東京都北区とUR都市機構が2022年3月に売り出しを始めた土地のことだ。正式名称は「赤羽台周辺地区中高層住宅複合B地区」。赤羽台東小学校跡地の一部とUR都市機構の敷地からなる広大な土地で、敷地面積は約1・3万平方メートルに上る。

ターミナル駅であるJR「赤羽」駅から徒歩およそ4分という好立地の大型複合開発用地のため、デベロッパーの用地仕入れ担当者は一様に熱い視線を注いだ。

激しい競争を勝ち抜いたのは三菱地所グループだった。2022年10月、三菱地所レジデンスは住友商事や近鉄不動産とともに土地譲受事業者に選定された。地上29階・地下2階の大型複合施設（延べ床面積約5・9万平方メートル）を建設する予定で、分譲マンション553戸のほか、クリニックなどの生活利便施設なども誘致する。

長谷工との一騎打ち

複数のデベロッパー関係者によると、住友不動産や東京建物をはじめとする大手デベロッパーなど計7グループが入札に挑んだ。ただ審査途中で5グループがふるい落とされた。最終的には三菱地所レジを中心とするグループと、大手ゼネコンの長谷工コーポレーションの一騎打ちになったようだ。

大手デベロッパー関係者は「三菱地所レジのグループより高い入札金額を提示した事業者は阪急阪神不動産など複数あったが、なぜか落とされた」と首をかしげる。「開発計画の提案で差があったのだろう」（別の大手デベロッパー関係者）とみる向きもある。

気になるのは三菱地所レジなどが手がけるタワーマンションの販売価格だ。複数のデベロッパー関係者は「だいたい坪単価480万円での販売を検討している」と証言。70平方メートル（約21坪）換算すると紛れもない「億ション」である。

赤羽の新築はこれまで、最高価格でも坪単価300万円台で推移してきた。駅周辺には都内でも屈指の飲み屋街があり、住環境は良好とはいえない側面もあった。ただ、東京駅まで20分以内で移動できる交通利便性が過小評価されてきたともいえる。

坪300万円台で推移
—JR赤羽駅周辺の新築マンションの平均坪単価—

竣工時期	物件名	町名	総戸数	分譲会社	新築時の平均坪単価(万円)
2022年	—	—	—	—	—
21	ローレルコート赤羽	赤羽南	81	近鉄不動産	337.7
20	ルフォンリブレ赤羽	赤羽	48	サンケイビル	378.5
19	シティハウス赤羽レジデンス	赤羽	39	住友不動産	372.1
18	ルーブル赤羽台	赤羽台	44	TFDコーポレーション	340.7
17	エステムプラザ赤羽アンダルシア	赤羽	42	東京日商エステム	335.1
16	—	—	—	—	—
15	—	—	—	—	—
14	プラウド赤羽ディアージュ	東十条	68	野村不動産	251.9
13	グラントゥルース赤羽プレミオ	赤羽	29	アクティリンク	302.9
12	シティタワー赤羽テラス	岩淵町	110	住友不動産	248.2
11	プラウドシティ赤羽	赤羽	286	野村不動産	263.7

(注)JR赤羽駅から徒歩10分以内の物件が対象。各年で最も高い平均坪単価のマンションを抽出。色つきは投資用物件と思われるもの　(出所)ワンノブアカインドのデータを基に東洋経済作成

赤羽駅周辺の坪単価は上がり基調
—中古マンションの平均坪単価と販売件数の推移—

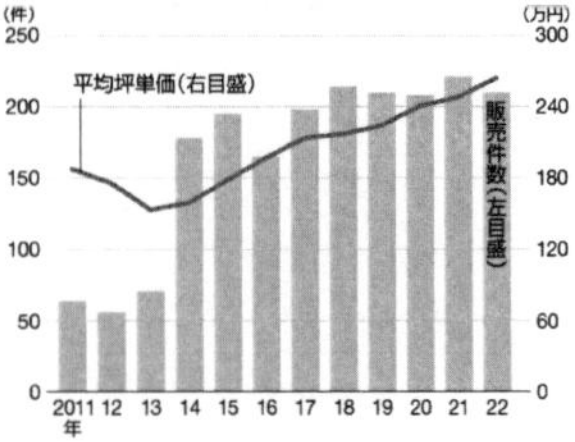

(注)JR赤羽駅から徒歩10分以内の物件が対象。2022年は1～11月のデータ
(出所)ワンノブアカインドのデータを基に東洋経済作成

2023年に竣工予定の物件で相場はようやく坪単価400万円前後に届く。三菱地所レジが開発した「ザ・パークハウス 赤羽フロント」は坪単価400万円弱、住友不動産の「シティテラス赤羽 THE EAST」も坪単価400万円超とみられる。三菱レジが提示する「坪単価480万円」は、そうした赤羽駅周辺の相場を1〜2割引き上げる「新価格」だ。

赤羽駅周辺ではほかにも、再開発案件が複数ある。丸紅や丸紅都市開発による「赤羽一丁目第一地区第一種市街地再開発事業」もその1つで、約300戸のタワーマンションが建つ計画だ。

「億ション計画」はこれだけではない。関係者の耳目を集めるのは小売り大手の西友の本拠地だ。

ネットスーパーなどへの投資資金を確保するため、西友は2022年12月に、赤羽の店舗とその近隣にある赤羽本社の土地を住友不動産に売却した。その地にマンションが建設される計画で(1階部分に西友の店舗が入居する予定)、複数の用地仕入れ関係者は「販売価格は坪単価400万円台後半になるだろう」と口をそろえる。

マンション開発の熱は首都圏の郊外にまで広がっている。

埼玉県では不動産事業者の三信住建が2022年11月、西友の旧・南浦和店の土地を取得。JR「武蔵浦和」駅から徒歩で15分程度と駅近の土地ではないが、「三信住建はマンション用地として中堅デベロッパーに売り込んでいる。分譲マンションになれば価格は坪単価300万円前後になる」(大手デベロッパーの用地仕入れ担当者)。

また、川口市のJR「西川口」駅から徒歩13分の宅地(6100平方メートル超)を、国家公務員共済組合連合会が競争入札にかけた。22年7月、長谷工がこの土地を落札し、翌月に近鉄不動産へ売却した。こちらも「販売価格は坪単価300万円超になる見通し」(別の用地仕入れ担当者)。

ほかにも「西船橋駅から徒歩20分弱」「川口駅から徒歩15分弱」といった土地で坪単価300万円超のマンション開発が検討されているようだ。マンション市場は新局面を迎えている。


(佃　陸生)

原価高騰・供給制約で新相場に突入

マンション価格が下がらないワケ

首都圏の新築マンション市場の熱狂が冷めない。

不動産経済研究所によれば、2021年の首都圏の新築マンションの平均価格は6260万円（前年比2・9％増）と、バブル期の水準を超えて過去最高を記録した。価格の高い駅近物件が増えているほか、東京23区の物件の割合が高くなっていることが大きい。販売価格が1億円を超える「億ション」も続々登場した。

この勢いは衰えることなく、2022年1～6月期の平均価格は6510万円（前年同期比1・5％増）にまで上昇。それでも消費者の購買意欲は衰えず、新築マンションの売れ行きは好調なままだ。

▶東京23区の物件の割合が高まる
―首都圏のエリア別の供給戸数の割合―

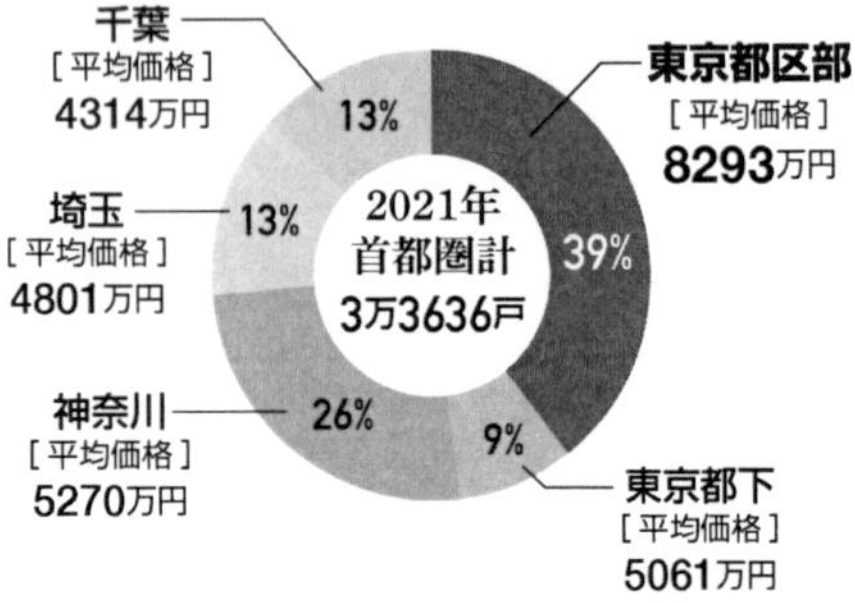

（出所）不動産経済研究所のデータを基に東洋経済作成

▶億ションが続々登場
―首都圏における億ションの供給戸数の推移―

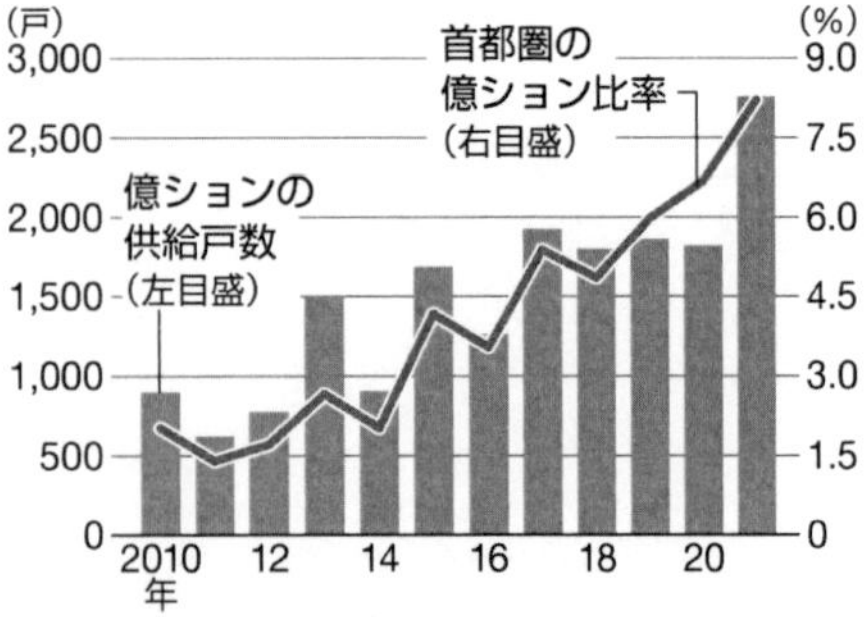

（出所）不動産経済研究所のデータを基に東洋経済作成

2022年12月20日に、日本銀行は長期金利の上限を従来の0・25%程度から0・50%程度に変更した。これを受けて住宅ローン金利の上昇懸念があるのは確かだ。だが、三井不動産レジデンシャルの山田貴夫取締役専務執行役員は、「物価は上昇し、住宅ローン金利の先高感もあるが、今まで以上に消費者の購買意欲は高い」と語る。

都心の新築マンションは富裕層やパワーカップル（高収入の共働き世帯）が買い支えてきた。物件価格の先高感があることから、今買える物件を買い求める消費者が多いようだ。

新築マンションの価格が下がる気配は当面薄い。マンションの原価は、主に建築費と用地費に分けられるが、22年以降いずれも増え続けているためだ。

▶資材高を受けて建築費が急騰
—集合住宅(RC造)の建築費指数(工事原価)の推移—

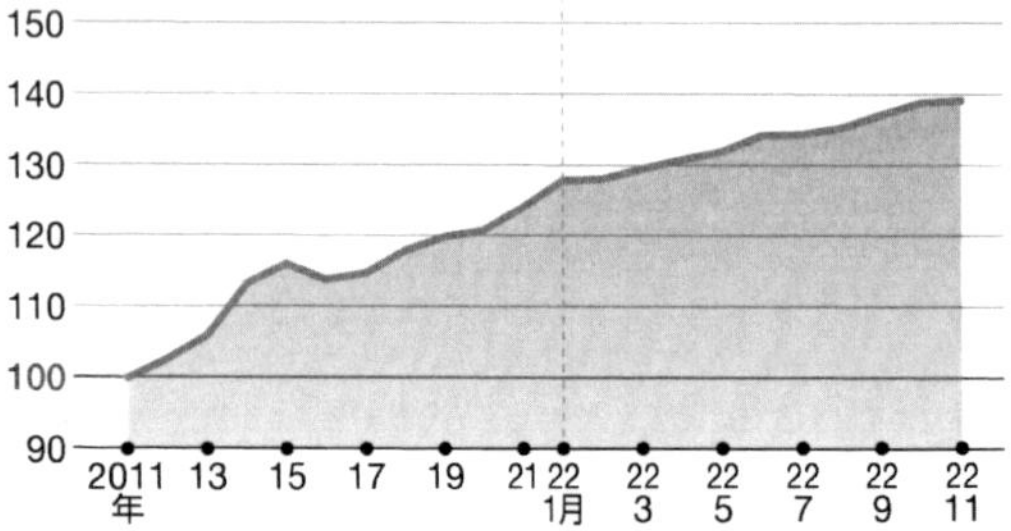

(注)2011年平均を100として指数化。東京が対象。22年10～11月は暫定値
(出所)建設物価調査会のデータを基に東洋経済作成

▶首都圏の用地価格が一段と上昇
—不動産価格指数(住宅地)の推移—

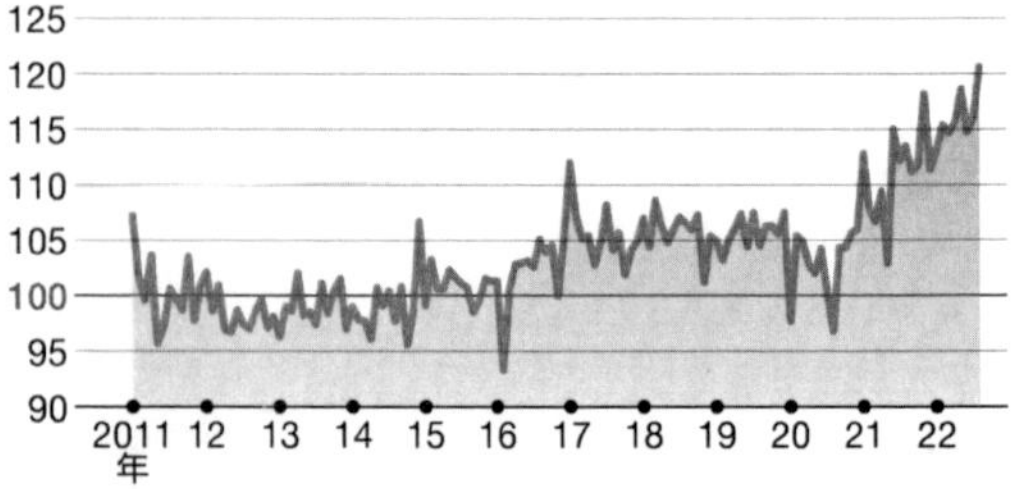

(注)2010年平均を100として指数化。首都圏(東京都、神奈川県、埼玉県、千葉県)の更地もしくは底地が集計対象
(出所)国土交通省のデータを基に東洋経済作成

コロナ禍に伴う国際物流の混乱やウクライナ危機を受けて、マンション建設に必要な鉄筋や生コンクリートなど資材価格が高騰。職人などの人件費も増加基調にある。また、駅近などのマンション建設に適した土地が不足する中、仕入れ競争が一層激化している。それに伴い用地費も一段と上昇した。

複数のデベロッパーの用地仕入れ担当者は、「新築価格が下がる理由はない」と口をそろえる。

新築マンションの価格上昇が続くのは、原価高騰だけが原因ではない。大手デベロッパーを中心とする供給側が、「売り渋り」をしていることも要因として大きい。

供給優位の新築市場

首都圏の新築マンションの供給戸数は2000年の9・5万戸をピークに、21年には3・3万戸と3割強にまで縮小している。

2016年以降、首都圏の年間供給戸数は4万戸を下回っている。22年11月末時点の首都圏の販売在庫数は５０７９戸と、前年同期比で1割ほど減った。この状況は消費者の需要減が起因となっているわけではなく、デベロッパーが意図的に供給を抑制していることが要因である。

供給限られ新築マンションの価格は高騰

―首都圏の新築マンション供給戸数と平均価格―

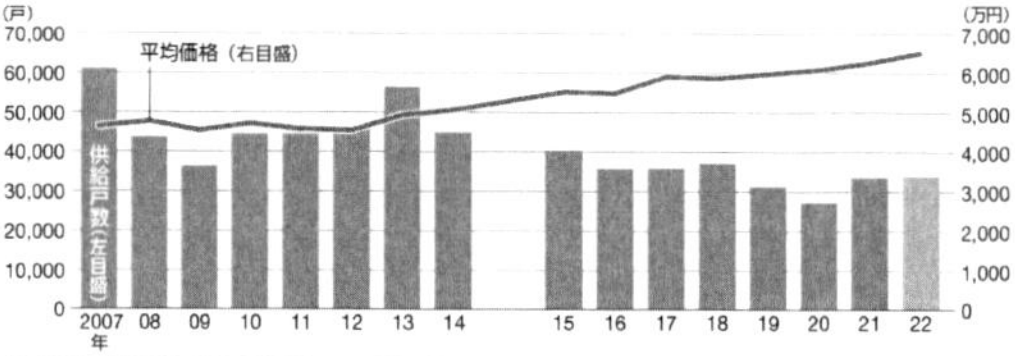

（注）2022年の供給戸数は予測、平均価格は1～6月期の実績。　調査対象エリアは東京都、神奈川県、埼玉県、千葉県の1都3県

（出所）不動産経済研究所のデータを基に東洋経済作成

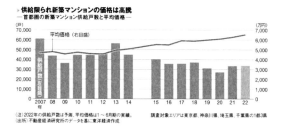

首都圏で新築マンションを供給する事業者は様変わりした。リーマンショックを経て、財務基盤の弱いデベロッパーの淘汰が進み、足元の財務が良好な大手が首都圏の新築マンションを供給している。

資金繰りのための内部留保も十分に抱えているため、大手は利益を大幅に減らしてまで新築マンションを売り急ぐ必要がないのだ。

小分け販売で供給を調整

デベロッパーによる新築マンションの売り渋りには、需給バランスを調整しようとする供給側の意図が顕著に表れている。

新築マンションは通常、マンション1棟の全戸を同時に販売するのではなく、時期を分けて複数回にわたり販売（期分け販売）する。現在の大手デベロッパーはこの慣習を利用して、「一度に販売する住戸数を以前より絞って、販売期間を長期化させている」（複数のデベロッパー関係者）という。

小分けに販売することで需要動向に応じて値上げの機会をうかがえる。需給バランスも維持できる。こうしたデベロッパーの水面下の動きによって新築マンションの需要超過が続いているといえる。

原価高騰と供給制約により、首都圏の新築マンション価格は高値で推移している。それでも消費者は低金利や住宅ローン控除などの税制優遇を追い風に、限られたパイの中で新築マンションを買い求めている。しかし、いよいよ新築マンションは消費者の手が届かない価格水準に達しつつある。

次の表は、首都圏の各都県で分譲されたマンションの価格が年収の何倍に相当するかを算出したものだ。

▶都内の新築はダブルローンでも手が届きにくい
—首都圏の新築・中古マンション価格の年収倍率（2021年）—

		新築マンション		中古マンション	
	平均年収（万円）	年収倍率（倍）	70平方メートル価格（万円）	年収倍率（倍）	70平方メートル価格（万円）
埼玉県	472	11.04	5,213	8.12	3,832
千葉県	503	9.07	4,563	6.04	3,037
東京都	570	14.69	8,373	13.35	7,612
神奈川県	553	10.05	5,555	7.75	4,285
首都圏	525	11.29	5,926	8.94	4,692
全　国	454	8.93	4,056	6.54	2,977

（注）各都道府県で分譲された新築マンションの価格（70平方メートル換算）を平均年収で除し、新築価格が年収の何倍に相当するかを算出。平均年収は内閣府「県民経済計算」を基にした予測値を使用。全国の平均年収は、新築分譲実績が確認されていない都道府県の年収を除外して算出している
（出所）東京カンテイの資料を基に東洋経済作成

金融機関による個人への住宅ローンの貸出金額は通常、おおよそ年収の7倍以内が目安になる。

2021年の首都圏の新築マンションの価格（70平方メートル換算）は、平均年収の11倍を超えた。これは夫婦でダブルローンを組まないと手が届かない価格水準だ。

新築マンションの価格上昇はとどまるところを知らない。それどころか、従来の価格水準を1段階引き上げた「新相場」に突入しようとしている。その兆候はマンション用地の仕入れ現場ですでに出始めている。

大手デベロッパーの仕入れ担当者は、「相場よりも2〜3割ほど高い価格で、デベロッパー各社は競争入札の土地を落札している。今後、供給される新築マンションは首都圏の郊外でも坪単価300万円を超えるだろう」と明かす。

中古もダブルローン必須

新築だけではない。初めて住宅を購入する1次取得者の受け皿となってきた中古マンションの価格も上昇している。2021年の首都圏の中古マンションの価格

（70平方メートル換算）は、平均年収の9倍近くにまで上がった。

不動産仲介大手の幹部は、「直近2～3年間は常軌を逸した価格で中古マンションが売れた。強気な価格設定の物件も増えており、従来の相場観がまったく通用しない」と話す。

新築・中古マンションの価格高騰を受けて、住宅ローンを貸し出す金融機関も新相場に適応し始めている。首都圏の郊外の中古マンションでも年収倍率が7倍を超える物件が増えたことで、「住宅ローンの貸出金額の上限を、借り手の年収の8倍にまで引き上げる金融機関が出てきた」（金融業界の関係者）という。

住宅金融支援機構によれば、2022年4～6月期の国内銀行による住宅ローン新規貸出額は3・7兆円（前年同期比1％増）に上り、高水準を維持している。歴史的な低金利が続く中、貸し渋りの気配はまだない。むしろ「金融機関同士の金利競争が続いており、住宅ローンの貸し出しには積極的だ」（前出の金融関係者）という。

金融機関が住宅ローンの貸し出しに積極的である以上、リーマンショックのときのように新築マンションの市況が急速に悪化するとは考えにくい。当面は需給バランスの保たれた状態が続きそうだ。

野村不動産の中村治彦取締役兼専務執行役員は、「共働き世帯が増えており、消費者の購買余力はまだあるようだ。世界的な経済不安でもない限り、好調な市況が続くだろう」と先行きを見通す。

市況が安定し、新相場へと突入するマンション価格だが、中古マンション市場では消費者の需要に陰りも見え始めている。

首都圏における2022年11月の中古マンションの在庫件数は約4・1万件（前年同月比16・3％増、東日本不動産流通機構調べ）。在庫が着々と積み上がっている状態だ。

「中古マンションの価格は上昇し続けているが、首都圏の郊外を中心に物件を買えない消費者が増えている。実需と反する値動きをしており、やがて調整局面に入るのではないか」と不動産仲介大手のベテラン社員は危惧する。

手の届かない消費者をよそに熱狂の続くマンション業界。楽観と悲観が交錯する中で慎重に先行きを見極める必要がある。

（佃　陸生）

坪1000万の都心物件も

高級路線は譲らない大手デベの「次の一手」

首都圏を中心に全国でマンションを開発する大手デベロッパー6社は高級路線を堅持する方針だ。

直近の決算資料を基に東洋経済が調べたところ、2021年度の大手6社の新築マンションの平均価格は全国平均価格を大きく超えていた。

価格は三菱、利益率は住友が断トツ

—大手デベロッパー6社の平均価格と住宅事業の利益率—

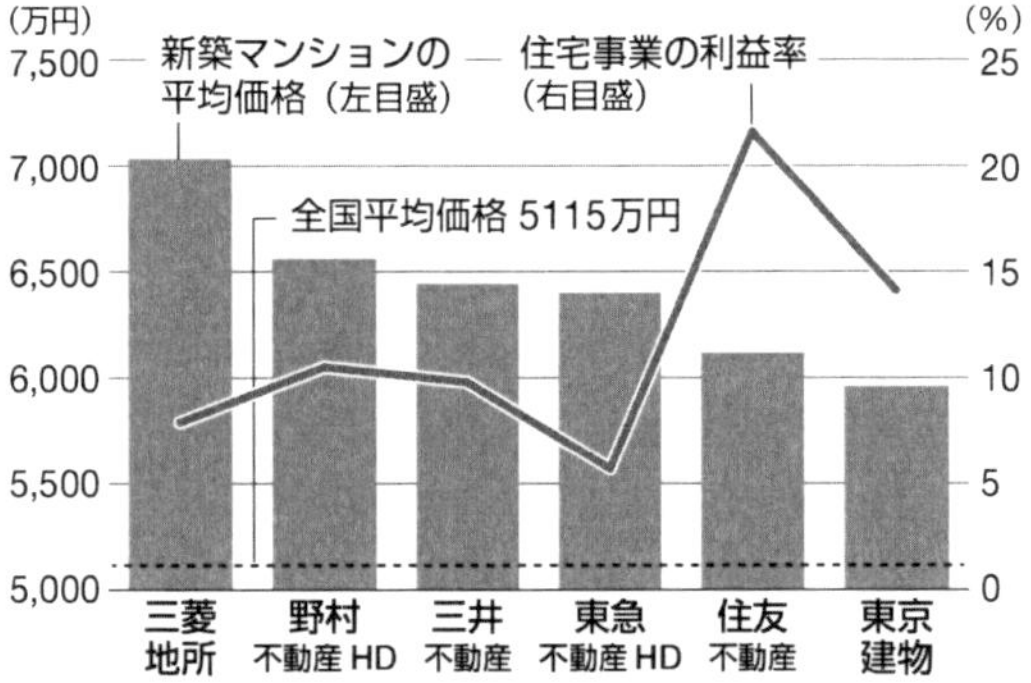

（注）2022年3月期のデータ。東京建物は21年12月期。HDはホールディングスの略　（出所）各社の決算資料を基に東洋経済作成

とりわけ平均価格が一段と高いのが三菱地所。全国平均価格と比べて4割近く高い。これは2021年度に「ザ・パークハウス 三田ガーデンレジデンス&タワー」(東京都港区、総戸数266戸)など都心の高級マンションの引き渡しが多かったことも大きい。

三菱地所グループではさらに、三菱地所レジデンスが22年9月に「ザ・パークハウス グラン三番町26」(東京都千代田区、総戸数102戸)の販売を開始。平均坪単価はおよそ1000万円という紛れもない億ションだ。

大手デベロッパーはこうした高級路線を首都圏以外でも展開する。東京建物が開発する「ブリリアタワー堂島」(大阪府大阪市、総戸数457戸)は坪単価600万円超だ。同社の神保健取締役は「相場の倍近くする価格設定だったが、ホテルで暮らすような物件コンセプトが好評だった」と言う。

「経営者など富裕層に狙いを絞った高級マンションを地方でも開発しているので、大手デベロッパーの物件の販売価格は相場より少なくとも1割は高い」。関西の中堅デベロッパーの幹部はそう語る。

売り急がず利益を伸ばす

大手6社のセグメント利益を見ると、住宅事業の利益率でトップを独走するのが住友不動産だ。2021年度の同事業の利益率は21・6%と、圧倒的に高かった。好採算の裏には、売り急がずに適切なタイミングを見極める独自の販売戦略を貫く姿勢がある。

デベロッパーにとって分譲マンションは売却益を稼ぐ回転型のビジネスなので、早期に売り切り投資資金を回収することが一般的だ。そのためマンション販売では、竣工前に全住戸の完売を目指す「青田売り」が、通常は行われる。

対して、住友不動産は竣工後の販売もいとわない。「適正価格で販売するため、売り急がず時間をかけてじっくり売る」(同社の関係者)。競合よりも「マンション完成在庫」が圧倒的に多い理由も、そうした独自の販売戦略に基づくものだ。

完成在庫が減るもマンション開発用地は豊富
—大手デベロッパー6社の棚卸し資産（2021年度末時点）—

	三菱地所	野村不動産HD	三井不動産	東急不動産HD	住友不動産	東京建物
マンション完成在庫（戸）	62	383	82	661	1,174	46
ランドバンク（戸）	14,800	21,100	27,500	8,700	—	7,800

（注）各3月期。東京建物は12月期。HDはホールディングスの略。ランドバンクは将来的なマンション開発用地のこと　（出所）各社の決算資料を基に東洋経済作成

再開発で希少立地を確保

高級路線を標榜する大手6社の開発の特徴は、再開発がらみの案件に照準を定めていることにある。「大手デベロッパーは駅近の市街地再開発がらみのマンションなど、値崩れリスクの低い物件の開発に傾注している」と東京カンテイの井出武上席主任研究員は指摘する。

大手デベロッパーのランドバンク（将来的なマンション開発用地）は再開発関連のものが多い。

２０２２年1月に竣工した野村不動産の「プラウドタワー亀戸クロス」（東京都江東区、総戸数９３４戸）も、２０１６年3月に閉店した商業施設「サンストリート亀戸」跡地の再開発に伴い建てられた。ＪＲ「亀戸」駅から徒歩2分ほどの好立地にあり、隣接する大型商業施設「カメイドクロック」の開発・運営まで野村不動産が担う。

こうした実績を武器に、同社は専門の部署を通じて地方の再開発案件の開拓を進めている。足元では、静岡県三島市や岡山県岡山市といった新幹線停車地など地方主要都市での展開を強化している。

再開発関係のマンション開発であれば、都心の駅前のような希少性が高い土地を比較的安価に得られる。また市街地再開発事業であれば、国などから補助金が出るため、デベロッパーにとって採算面でのメリットは大きい。

商業施設や公共施設が隣接した複合開発の場合、単純な提示金額の高さだけでなく、デベロッパーの提案する都市計画なども評価対象になる。大手デベロッパーの開発担当者は「入札で提示した金額が2番手だったとしても、都市計画の内容が評価されれば逆転できる」と明かす。

再開発事業を取り込めるのは、大手デベロッパーは財務に余力があるからにほかならない。

再開発は事業を始めてからマンションが竣工するまでの期間が長い。開発に5～10年程度を要することは頻繁にあり、竣工までに15年程度かかることも珍しくはない。その間の資金繰りに耐えられる内部留保がなければ再開発事業はできない。

10年以上の時間をかけて再開発

―市街地再開発スケジュールの例―

年目	段階	再開発の動き	取り組み
1 2 3	準備・検討	勉強会の開始、協議会の発足	●再開発について学びながらまちづくりの構想などを練る ●再開発の意義を地元住民や関係者に説明するとともに再開発のあり方を有志で検討
4 5		再開発準備組合の設立	●施設計画や資金計画などを具体的に検討、権利者の合意形成を目指す
6 7 8	計画	都市計画の決定	●再開発事業を行政が認可。この時点で10年以上かかっている地区も少なくない ●再開発する区画や建物概要など事業の枠組みを決める
9	実施	再開発組合の設立	●地権者人数および土地面積の3分の2以上の同意で設立
10		権利変換計画の認可	●事業者や施工者、補償額などの詳細を本決定し行政の認可を得る
11 12 13	工事	既存建物の解体・着工	●施設運営の方針などを決めて維持管理体制を整備する ●大型物件だと工事完了までに少なくとも2～3年はかかる
14 15	完了	竣工・入居	

（出所）各社の公表資料や取材を基に東洋経済作成

東急不動産と日鉄興和不動産による「ザ・タワー十条」（東京都北区、総戸数578戸）も2004年に再開発事業の勉強会（意見交換などの場）が始まってから再開発組合の設立が認可されるまでで13年かかっており、竣工までに計20年程度かかる見通しだ。

事業期間が長く地権者や自治体との調整など労力もかかるものの、得られる「果実」は大きい。強固な財務基盤を武器に、時間をかけて新築マンションを開発・販売する大手デベロッパー。当面は高級路線をひた走る構えだ。

（佃　陸生）

「一本足打法」打破を狙い

小型用地の賃貸マンション・「駅遠」シニア向けに焦点

仕入れ競争の激化を受けて、分譲マンションの開発が難しくなっている。デベロッパーは多様な手法を駆使して資産を活用し、収益源の多様化を図る。分譲マンション開発のみの「一本足打法」打破を狙い、戦線を広げる事例を見ていこう。

賃貸マンション

リモートワークの浸透など消費者の生活様式の変化を背景に、活況を呈しているのが賃貸マンション市場だ。実需だけでなく、国内外の機関投資家の売買需要も底堅い。ここに商機があるとみて、賃貸マンションの開発に注力するデベロッパーは少なくない。

三菱地所レジデンスによるＳＯＨＯ（住居兼事業所）の賃貸マンション、「ザ・パークハビオＳＯＨＯ代々木公園」（東京都渋谷区、総戸数８１戸）が２０２２年１０月に竣工した。共用部には会議室や個室ブースがあり、リモートワークなどに活用できる。

小田急線「参宮橋」駅から徒歩４分という都心の好立地にある。土地が広いため分譲マンションを開発することもできたが、三菱地所レジデンスの担当者は、「この土地で開発をすると、販売価格は１億円を超える。分譲マンションを開発しても線路に隣接しているため、（その価格では）消費者に敬遠される可能性が高い」と話す。

他方、分譲では難しい周辺環境の土地でも、賃貸マンションならば工夫次第で利益を出せるという。

東京メトロ東西線「門前仲町」駅から徒歩１０分の「パークアクシス門前仲町テラス」（東京都江東区、総戸数１８９戸）。大型の土地だが、定期借地権付きという特性から賃貸マンションになった。開発したのは三井不動産レジデンシャルで、共用部にはリモートワーク用の個室や会議室だけでなく、フィットネスルームや無人コンビニもあり機能が充実している。

三井不動産レジデンシャルの神谷正樹事業グループ室長は、「パークアクシス門前仲町テラスは想定以上の反響だ。2022年6月末にリーシング（入居募集）を開始したが、同12月時点で100戸程度の入居申し込みが来ている」と語る。

一般的な分譲マンションだと1000坪以上の土地が必要になることも多いが、長期安定収益が見込める賃貸ならば、60～70坪程度の土地で開発しても十分な利益を確保できる。「小さな土地でも、賃貸ならば建てることができる。都内で年間1500～2000戸程度の供給を目指す」（神谷氏）。


賃貸マンションを開発すると、デベロッパーは2つの稼ぎ方を選択できる。1つは分譲マンションと同様に、売却益を稼ぐやり方だ。ちかごろは賃料収入が安定している賃貸マンションを買い求める機関投資家が増えている。

もう1つの稼ぎ方が、賃貸マンションを保有し運用することで賃料収入を得る方法だ。土地を仕入れてからマンションを開発するまで、おおよそ1～2年の時間がかかる。開発期間中に市況が悪化すると、想定していた利益を回収できないリスクが分譲にはある。

その点、賃貸マンションは、「リーマンショックなど不動産市況が悪化したときも当社が開発するワンルームマンションの賃貸需要は底堅く、賃料もほぼ横ばいだった。物件の売却益だけでなく、安定した賃料収入を得られるのが賃貸マンションの強みだ」(全国で年間50棟以上の賃貸マンションを開発するサムティの寺内孝春常務)。

大手デベロッパーのベテラン社員は、「事業リスク分散のため、賃貸マンションを収益柱に育成中だ。今後、分譲マンションだけで稼ぐのはリスクが大きい」と語る。

シニアマンション

駅から車で10分以上——。消費者にあまり歓迎されない駅遠物件を、シニア向け住宅として開発する大手デベロッパーが現れた。
三井不動産レジデンシャルは、2017年4月にシニアレジデンス事業部を新設。

23年3月開業の「パークウェルステイト千里中央」(大阪府豊中市、総戸数548戸)など、シニア向けマンションの開発を進める。

パークウェルステイト千里中央は今注目されている、CCRC(Continuing Care Retirement Community)の機能を持つ。高齢者が健康なうちに入居し、医療や介護サービスを受けながら、生涯にわたり住み続けられる生活共同体のことを指す。平均寿命が延びる中、趣味や娯楽を楽しみつつ将来的には介護まで受けられる「終の住処」の需要は増しており、その受け皿として期待されている。

パークウェルステイト千里中央には大浴場や美容室、運動するためのフィットネスルーム、食事を提供するダイニングルームなどがあり、共用部が充実している。カラオケルームなどの娯楽スペースも用意されている。

着目したいのは立地だ。北大阪急行電鉄「千里中央」駅から、車で約10分もかかる。三井不動産レジデンシャルは専用のシャトルバスを運行させ、駅や提携する医療機関とシニア向けマンションをつなぐ計画だ。

パークウェルステイト千里中央は延べ床面積4・5万平方メートルと、施設が大きいことも特徴だ。物件の延べ床面積のうち4割程度は、共用部やスタッフルームだ。「共用部を充実させて、しっかりとしたサービスを提供するには大型物件でないと難しい」（三井不動産レジデンシャルの井橋朋子主管）。

三井不動産レジデンシャルは、今後もパークウェルステイト千里中央のような400戸超のシニア向け大型マンションを、駅から離れた郊外エリアで開発する方針だ。

ビジネスの現場から引退したシニアであれば、毎日の通勤などで日常的に都心に通わずに済む。そのため、三井不動産レジデンシャルは駅から遠い郊外エリアで物件を開発しても、共用部を充実させて手厚いサービスを提供すれば需要を取り込めるという考えだ。

「郊外の大型の土地を活用でき、事業機会が増えるのはデベロッパーとしての大きなメリットだ」と三井不動産レジデンシャルの鳥羽茂室長。同社は2024年までにシニア向けマンションを新たに2700戸供給する計画だ（22年12月時点での累計供給戸数543戸）。

三井不動産レジデンシャルとは対照的に、駅近のシニア向けマンション開発に傾注するのが東急不動産だ。同社のシニア向けマンションのほとんどは都市部にあり、駅から徒歩10分前後の立地で開発している。2020年7月に開業した「グランクレール芝浦シニアレジデンス」（東京都港区、総戸数52戸）は、JR山手線「田町」駅から徒歩13分の地に構える。

2023年11月に開業予定の「グランクレール綱島」（神奈川県横浜市、総戸数104戸）に至っては、新たに開通する東急新横浜線の「新綱島」駅と直結している。「今までの家族や親族、地域とのつながりやコミュニティーを担保しつつ、安心・安全を提供したい」と東急不動産の小野公嗣グループリーダー課長は言う。

市街地再開発に絡んだマンション開発用地を仕入れるうえで、シニア向けマンションの開発実績は強みになる。2015年から子会社を通じてシニア向けマンション分譲販売・運営を行うフージャースホールディングス（22年9月末時点で1942戸のシニア向けマンションを運営）は、神奈川県横浜市川和町の区画整理の際、競争入札を経ずに土地を確保できた。

同社グループのフージャースケアデザインの佐藤多聞取締役は、「街としての機能を増やし、エリア全体の価値を上げたい地方自治体からの引き合いが強い」と話す。

分譲マンションと違い、シニア向けマンションは運営会社を通じた継続的な管理・運営が不可欠だ。売って終わりではないため、手間がかかるものの継続的な収益が確保できる。

リノベマンション

価格高騰の続く新築マンションを買えない消費者が目を向けているのは、中古マンションだ。この状況下、デベロッパーは「買い取り再販」と呼ばれる手法を強化している。単なる中古物件の仲介とは違い、事業者が自ら1戸単位ないしは1棟単位でマンションを取得し、設備や内装をリノベーションすることで付加価値を高めて販売する方法だ。

築古の中古マンションには、駅近で周辺環境のよい物件も多い。そうした物件は経年劣化で価値が下がっており、買い取り再販ならば土地から仕込んで開発するよりも割安な費用で展開できる。

大手デベも事業拡大に乗り出している。三菱地所レジデンスは2014年4月にリノベーション事業部を設立し、首都圏での買い取り再販事業に本格参入。その後、エリアごとに担当者を決め、仕入れと販売を一層強化する体制に再編した。

同社のリノベーション第二事業部の鶴見弘一部長は、「分譲マンションの一本足打法では、いずれ事業が立ち行かなくなる。買い取り再販については収益を下支えする事業に育てたい」と意気込む。買い取り再販は分譲に比べて1件ごとに得る利益は小粒だが、半年~1年程度という短期間で在庫を回転させることで収益を安定させるもくろみだ。

各社各様の戦略を描くデベロッパー。戦線を広げた開発競争は一段と熱を帯びる。

（佃　陸生）

3億円超の富裕層向け中古マンションが取引活発

販売価格が3億円を超えるような中古の高級マンションの取引が活発だ。セカンドハウスの確保や相続対策として、複数の物件を保有する富裕層は多い。

三井不動産リアルティは都心部の高級マンションの仲介に特化したブランド「リアルプラン」を展開する。「最近になって、4年間売れなかった物件が値引きなしで成約した。中古の高級マンションは売り物件が少ないのに対して需要は強い。背景にはインフレを予測した国内の富裕層が金融資産を実物資産に移していることがある」と、同社の青山リアルプランセンターの川村康治・所長は語る。

リノベーションマンションを販売するリビタは、高級マンション「オパス有栖川」（東京都港区、総戸数約100戸）の数十戸を買い取り再販している。東京メトロ日比谷線「広尾」駅から徒歩7分で、近隣には有栖川宮記念公園がある。「(当社が扱う中古マンションの)平均価格は2億円前後。資産性が高く快適な暮らしが実現できる物件を都心で求める需要は底堅い」(リビタの斎藤渉シニアプロデューサー)。

海外富裕層も注目

富裕層向け高級マンションを仲介するリストインターナショナルリアルティの中山陽帆マネージャーは、「外国人からの問い合わせが急増している。東南アジアを中心に、中華圏からの問い合わせも増えている」と話す。海外マネーが流入することで、市場は一層活性化しそうだ。

(佃　陸生)

【覆面座談会】

プロたちが語る用地仕入れのリアル

新築マンションの販売好調の一方で用地の仕入れ競争は激化している。消費者の購買力の限界を探りつつ、建築費など原価の高騰に頭を悩ませながら土地を仕入れるデベロッパーの幹部や用地仕入れ担当者に、現状と今後の見通しについて本音を聞いた。

（個別取材を基に座談会形式で構成）

【大手デベ幹部】大手デベロッパーの幹部
【大手デベ仕入】大手デベロッパーの仕入れ担当者
【中堅デベ幹部】中堅デベロッパーの幹部
【中堅デベ仕入】中堅デベロッパーの仕入れ担当者

――新築価格は「そろそろピーク」との見方もあります。

【大手デベ幹部】当面、新築価格が下がる理由なんてない。資材高で建築費が高止まりして、用地代も上がっている。消費者の購買意欲も旺盛だ。むしろ「価格が上がる」理由しかない。

【中堅デベ幹部】当社は首都圏の郊外でのマンション開発が多いから、建築費の上昇は痛手だ。今後も建築費が1割くらい上昇すると想定している。さらに、建築業界の残業規制が2024年4月に導入されると、マンション開発の工期が延びるし人件費も高くなるだろう。

これまでギリギリの採算で郊外のファミリー向けマンションを開発してきたので、原価上昇分をある程度は価格転嫁しないと事業として成り立たない。

――用地仕入れの競争は、依然厳しいのでしょうか。

【大手デベ仕入】いつの時代でも仕入れが楽だったことはないよ（笑）。ただ、最近は一段と競争が厳しくなっている。デベロッパーはギリギリのラインでしのぎを削る「チキンレース」をしている。

相場より2～3割高い価格で土地を落札するなんて当たり前。そうでないと競合に勝てない。相場と同じ価格の入札金額を出しても負けるだけ。

【中堅デベ仕入】競争入札になると、ダブルスコア（競合が倍の価格を提示）で負けたこともあった。なるべく不動産オーナーから直接仕入れようと努力している。ただ、最近は土地が高く売れるとわかっているからか、オーナーも不動産仲介業者を使って土地を競争入札にかけてくる。かなり仕入れにくくなっているよ。

神奈川県横浜市のあるエリアでは、たった半年で坪単価が50万円、2割近くも上がった。はっきりいって異常だ。

都心は住友不の独壇場？

【中堅デベ幹部】小型の土地しか出回らない都心では、単身世帯向けのコンパクトマンションしか開発できない。ファミリー向けだと用地代など費用が高すぎてリスクが大きい。大手のようなブランド力もないから価格の吊り上げにも限度がある。大型の土地には手は出せない。

【大手デベ幹部】私見だけど仕入れ担当者の世代交代も原因の1つだと思う。今の若手は新築マンションが売れなかったリーマンショック時代を知らないから、イケイケドンドンで土地を高い価格で仕入れようとしてくる。

――競争入札で目立つプレーヤーはいますか。

【大手デベ幹部】都心の大型の土地だとほぼ住友不動産の独壇場じゃないかな。あの会社は好立地の土地を絶対に押さえる方針だからね。競争入札で競合したらまず勝てない。

三菱地所とか野村不動産も結構強気だと思う。所得の高い上質な顧客を抱えているから、マンションの品質さえよければ競合よりも高い販売価格でも売れる。

【中堅デベ仕入】大手デベロッパーに負けるなら諦めもつくけど、最近は聞いたこともないような中小デベロッパーによるピンポイントの落札が目立つ。

相場をはるかに超えるような高値で郊外の土地を落札している。事業収支を何度計算しても採算が合わない。どうやって売り逃げているのか、想像もつかない。

非デベロッパーも暗躍

【大手デベ仕入】用地の価格を吊り上げているのは何もデベロッパーだけじゃないでしょう。長谷工コーポレーションや三信住建のような、土地をデベロッパーに売り込む業者が土地を高値で仕入れている。

こちらの採算ラインを超えた金額で落札しているくせに、後日その土地を「買いませんか」と、自分たちの稼ぎたい利益分をさらに上乗せした金額で当社に売り込んでくる会社もある。いい迷惑だ。

【大手デベ幹部】確かに大型の用地の競争入札で鉢合わせすると太刀打ちできない会社もあるね。そういう業者から土地を買うと、どうしてもコストが高くなって薄利になってしまう。ただ、売り上げ目標を達成するためやむをえず手を出すデベロッパーも少なくない。状況次第ではウチも組んだりするよ。

――新築の価格上昇に消費者はついていけるのでしょうか。

【大手デベ幹部】消費者の購買力について懸念はあるものの、実際のところ売れ行きは好調だ。消費者がどうして買えているのか不思議なくらい。

【中堅デベ仕入】都心は富裕層やパワーカップル（夫婦ともに高収入）が市場を支えているけど、郊外は違う。価格も天井に迫っている。

首都圏の郊外のファミリー向けマンションは販売価格5000万円台を死守しないといけない。郊外の物件は6000万円を超えると、初めて住宅を購入する1次取得者層の購買力を超過し、途端に売れなくなってしまう。足元では、まだ5％くらいは価格上昇の余地があるとみているけど、楽観はできない。

【中堅デベ幹部】過熱する土地の争奪戦を避けるため、都心から路線の乗り換えありで1時間以上かかる場所にまでマンションの開発エリアを広げないといけない。あとは駅からのバス便を利用するような立地のマンションも検討中だ。郊外の新築価格が上がる中、割安感が出せれば需要をつかめるのではないか。

――今後の新築市場は悲観的?

【大手デベ幹部】悲観するほどではないけど、不安は尽きない。不動産市場は好況と不況のサイクルを一定期間の中で繰り返してきた。東京五輪が終わったら市況が反転して悪くなるといわれていたのに、今も好調が続いている。7年以上も新築価格が右肩上がりの状態なんておかしい。いつか価格の調整局面が来るはずだ。

【中堅デベ仕入】価格の下落も物件によると思うけどね。都心へのアクセスがよい駅近のマンションなら影響は小さい。

そもそも大手デベロッパーが供給をコントロールしているのが今の新築マンション

市場だ。需要に応じて供給が絞られている以上、市場が崩れるとは考えにくい。消費者にとっては厳しいけど、新築価格は高値で安定したままの堅調な市場が続くだろう。

【大手デベ仕入】むしろ今後2年くらいは販売価格が上がり続けるでしょう。他社の用地仕入れ動向を見ていると、もう1段階くらい価格が上がってもおかしくない。

仮に需要が急減したとしても、価格は高止まりしそうだ。赤字覚悟でマンションを投げ売りするほど経営が苦しいデベロッパーなんて、今どきいない。

とはいえ、首都圏の郊外でも坪単価300万円が当たり前になりつつある。都心と違い郊外は、いよいよ限界なのかもしれない。

【中堅デベ幹部】怖いのは住宅ローンの金利上昇。価格上昇に消費者がついてきているのも低金利のおかげ。住宅ローンを限度額まで借りざるをえないような消費者の購買意欲が一気に冷え込むのではないかと危惧している。

（構成・佃 陸生）

分譲マンションの「買いやすさ」を独自分析

三井住友トラスト基礎研究所　上席主任研究員・菅田　修

不動産価格の高騰が指摘されるようになってすでに数年が経過している。安倍晋三元首相が2012年末に打ち出した金融緩和策「アベノミクス」を受けて住宅ローン金利も下落し、そこから低位で推移している。

例えば、住宅金融支援機構の長期固定金利住宅ローン「フラット35」を見ると、2013年末時点で2・57％だった借入金利（借入期間21〜35年の最高金利と最低金利の中間値）が、19年末には1・52％にまで低下した。20年以降はやや上昇傾向を見せたものの、21年末時点で1・76％とまだ低金利が続いている。

一方で、東京23区の新築分譲マンション平均坪単価は直近のボトムが2012年で、その後上昇を続けている（不動産経済研究所調べ）。１２年の平均坪単価は２６５万円だったのに対し、１９年には３７１万円、２１年には４２４万円と、この９年間で６０％も上昇した。

金利は1%台の低水準が続く
—フラット35の借入金利推移—

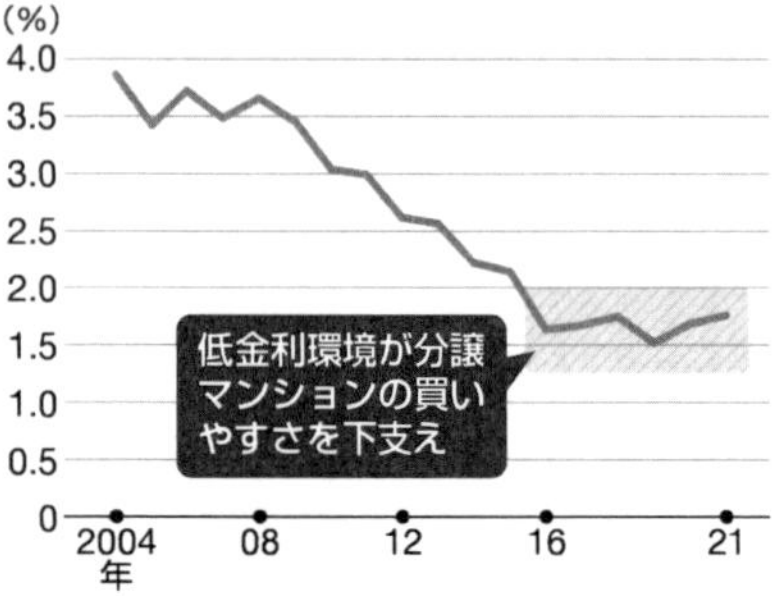

(注)各年の金利は「借入期間21～35年」の借入金利の最高金利と最低金利の中間値、各年末時点の数字
(出所)住宅金融支援機構

直近9年間で60%も上昇
—東京23区新築マンションの平均坪単価—

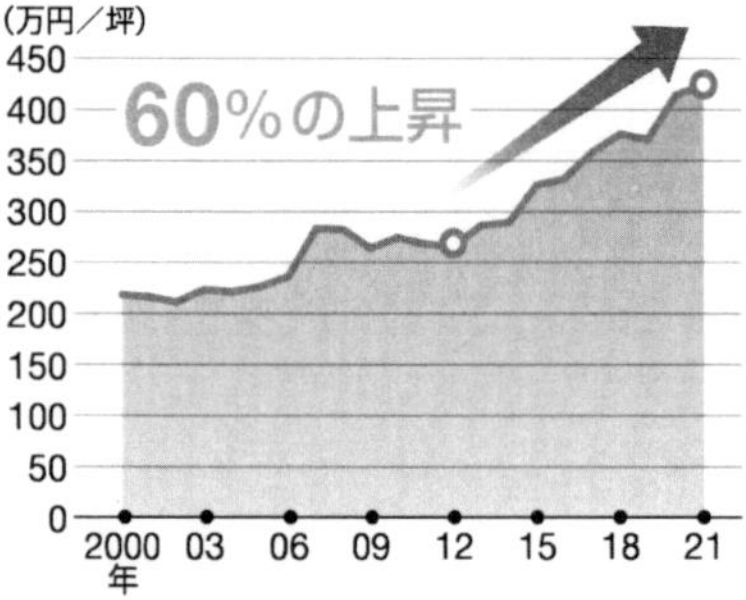

(出所)不動産経済研究所

このように、分譲マンションは価格がかなり高騰している局面であるが、需要は冷え込んでいない。需要を下支えしてきたのが低金利であることは間違いない。

実際、消費者にとって「買いやすい」環境に大きな変化がないことは、三井住友トラスト基礎研究所の独自指標からも見て取れる。

「買いやすい」環境は10年以上変化していない
―買いやすさを示す「アフォーダビリティ」の推移―

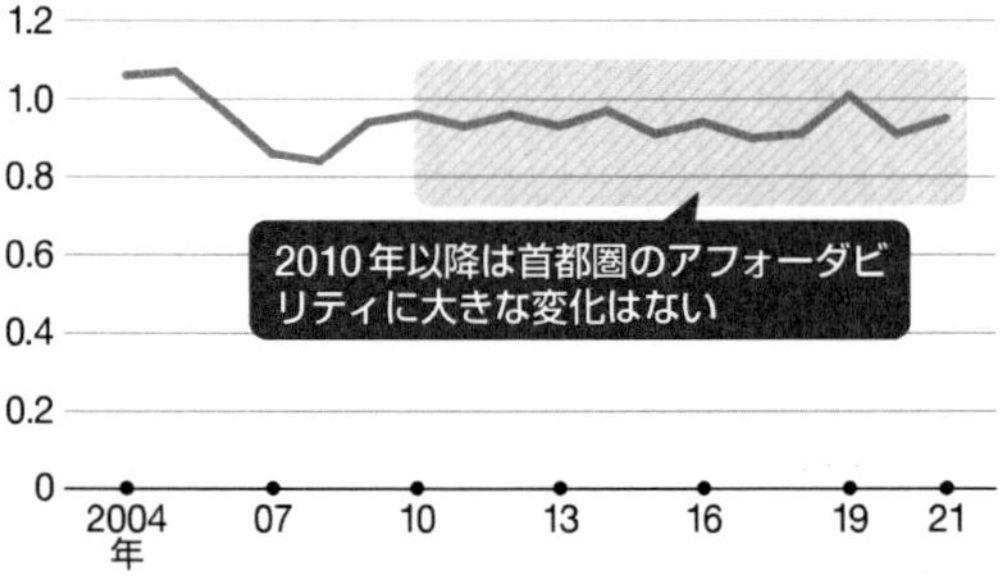

(注)アフォーダビリティ＝個人の資金調達可能額(需要価格)÷分譲マンション平均価格。マンション価格は首都圏が対象。算出に用いている発売価格は平均面積や都区部比率が一定であると設定した補正値
(出所)三井住友トラスト基礎研究所

前のグラフは、首都圏の分譲マンションの買いやすさを「アフォーダビリティ」という指標でモニタリングしたものだ。アフォーダビリティとは「個人の資金調達可能額（需要価格）÷分譲マンション平均価格」で求められる。個人の資金調達可能額は平均所得や住宅ローン金利、住宅ローン減税などの政策に影響を受ける。

アフォーダビリティの特徴は、平均的な所得の人が平均的な分譲マンションを購入するときの買いやすさを時系列で把握できることにある。アフォーダビリティが上がれば、分譲マンション平均価格が低下したか、個人の需要価格が上昇したことを意味する。

逆に、アフォーダビリティが下がれば、平均価格が上昇したか、個人の需要価格が低下したことを意味する。簡単に表現すると、アフォーダビリティが上がれば個人は住宅を買いやすくなり、下がれば住宅を買いにくくなる。

「分譲マンション価格が高騰したことにより、住宅が購入しにくくなった」と考えている消費者は多いだろう。ただ、現在は価格高騰と低金利環境が同じタイミングで生じており、アフォーダビリティを見るとほぼ横ばいで推移していることがわかる。

つまり、首都圏において分譲マンションの買いやすさ自体に大きな変化は生じていないというわけだ。言い換えると、分譲マンション購入者は価格高騰前においては金利に支払っていたコストを、低金利環境下では高騰した分の価格に支払っていることになる。

金利上昇の見極めが重要

価格高騰局面でもアフォーダビリティは大きな変化なしに推移している要因が低金利環境であることは確かである。だが米国を筆頭に量的緩和策の出口戦略として政策金利の引き上げを実行する国が増えてきている状況を考慮すると、上昇幅はさておき、日本でもいずれ金利が上昇していくことを念頭に置いておくべきであろう。実際に日銀は2022年12月20日に、長期金利の上限を従来の0・25％程度から0・50％程度に変更した。

そこで、今後の金利上昇を織り込んだ場合、マンションの買いやすさはどう変化するのか、2つのシミュレーションを実施した。

金利上昇のシミュレーション

金利が2.5%台になると約660万円の予算減に

2.57%まで金利が上昇したときに、今の買いやすさと変わらない価格水準

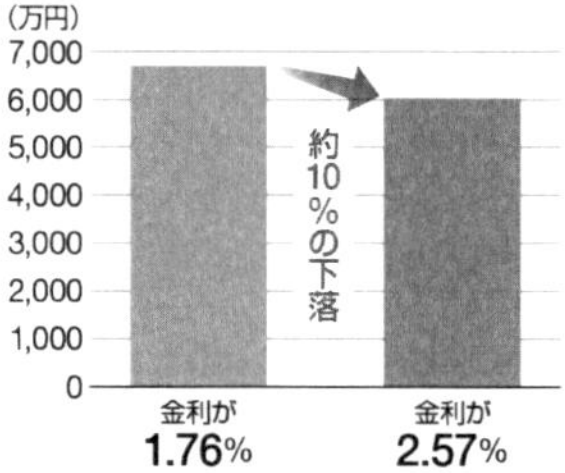

所得が5%以上上昇すれば金利2%台でも許容可

所得が5%、10%上昇したときに、今の買いやすさと変わらない金利水準

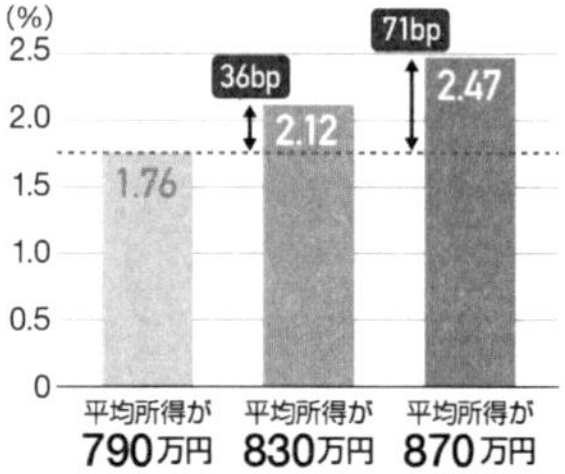

（注）平均世帯所得790万円を前提にシミュレーション。住宅ローン減税効果および配偶者控除を考慮。生命保険料控除と地震保険料控除は上限額を適用　（出所）三井住友トラスト基礎研究所

2021年までと比べて、足元の住宅ローン減税額が減少している点も考慮して推計している。

1つ目では、「アベノミクス初期の2013年末の水準（2・57％）まで金利が上昇したときに、今の買いやすさと変わらない平均価格の水準」を算出した。計算上、首都圏の価格を前提とし、また現在の平均世帯所得を790万円とした。

このシミュレーションによると、金利が2％台半ばになると買いやすさが変わらない平均価格は約10％、約660万円下がった。消費者の予算が減ることになるが、逆にいうと、平均価格が約10％下落すれば、金利がアベノミクス初期の水準まで上昇しても買いやすさに大きな変化が生じないことになる。

ただ、よい金利上昇時には平均所得も併せて上昇すると想定されるが、悪い金利上昇時には平均所得が下落する可能性があり、その場合はこの推計結果よりも大きな価格下落圧力となる点に留意が必要である。

2つ目では、「平均世帯所得が5％または10％上昇したときに、今の買いやすさと変わらない金利の水準」を算出した。

足元の水準は平均世帯所得790万円で、買いやすい金利水準が1・76％。平均世帯所得が5％程度上昇して830万円になった場合、買いやすさが変わらない金利水準は2・12％になった。

同様に、平均世帯所得が10％程度上昇して870万円となった場合、買いやすさが変わらない金利水準は2・47％となった。これは2014年前半ごろの金利水準に近い。所得が10％程度上昇するのであれば、14年ごろの金利に上昇しても、買いやすさに大きな変化は生じない。

分譲マンションの売れ行きを下支えしている要因は低金利にある。分譲マンション価格がすでに高値圏に突入していることを考えると、金利上昇時のインパクトは相応に大きくなる可能性がある。2023年は今まで以上に金利の動向に留意が必要なタイミングといえる。

菅田　修（すがた・おさむ）
早稲田大学大学院ファイナンス研究科修了後、住信基礎研究所（現三井住友トラスト基礎研究所）入社。住宅市場全般の分析や期待利回り予測などに従事。

ダメな中古物件をつかまない3法則

住宅ジャーナリスト／マンション・トレンド評論家・日下部理絵

価格が上昇している局面では、マンションの価値を見極めないとダメ物件を高値づかみしやすい。「安価だから」といったことを購入の決め手にすると危険だ。何に注意すれば高値づかみを避けられるのか。

ポイントの1つ目は、相場価格の把握だ。「賃貸借契約の更新が迫っている」「いま判断しないと購入できない」などの事情により、物件の情報が不十分なまま焦って買ってしまった結果、高値づかみとなるケースは多い。

「SUUMO」や「LIFULL HOME'S」など不動産情報サイトは複数あるが、不動産会社の取り扱い状況によって、掲載されている物件はサイトごとに違う。そのため、複数の情報サイトで検索することは必須だ。また、物件を案内してくれた不動産会社の提案を鵜呑みにするのではなく、「類似物件はないか」と聞くだけでも、違う情報を引き出せる可能性がある。

気になるマンションがあれば、同じ物件内でほかの部屋も売りに出ていないかを調べておきたい。気に入った部屋と似た間取りや広さの部屋も売りに出ている場合、「〇〇号室とどちらを購入するか悩んでいる」と不動産会社に伝えるだけでも「競争の原理」が働き値引きされることがある。

相場価格は情報サイトで一定期間、同じ条件により検索するだけでも見えてくる。希望条件に合った新着物件をＬＩＮＥなどに通知する機能のあるサイトや、過去の売買履歴が掲載されているサイトもある。データを比較し、相場感覚を得るべきだ。

確認すべき点はさまざま

２つ目のポイントは管理状況を知ることだ。維持管理が悪く、住民トラブルが多いマンションを購入してしまったら最悪だ。内見時に部屋や共用施設の状況などを見る人は多い。住民トラブルの有無を見抜くにはこれらだけでなく掲示板も見るとよい。掲示板が騒音、違法駐車、ペット飼育などマナーに関する注意文だらけならば注意が必要だ。

ほかにも、照明が切れかかっていないか、郵便受けにチラシがあふれていないか、エレベーターの溝が汚くないか、ゴミ置場が汚れていないか、自転車置場が乱雑になっていないか、外壁にヒビ割れや汚れがないかといったことを内見時に確認しておきたい。

総会の議案書や長期修繕計画、管理規約、重要事項説明書などもしっかりと見るべきである。これらは不動産会社経由で入手可能だ。新築マンションなら、予備認定（管理規約案や長期修繕計画案などが基準を満たしていると認定されること）を受けているかも確認したい。


最後のポイントは出口戦略（換金性、可変性）を想定しておくことだ。住宅は一度購入したらゴールだとは限らない。急な転勤、転職、あるいは家族に介護の必要性が生じるなどライフスタイルの変化によって、大幅なリノベーションや住み替えが求められるケースもある。

そういった事態に備えて、いま売ったらいくらになるのか、貸したらいくらの収入になるのか、間取りを変えることはできるのか、といったことを定期的、あるいは事前に把握しておきたい。賃料見積もりや価格査定については不動産会社に無料で依頼できる。査定をした結果、築古で価値がないと思っていた自宅に思わぬ高値がつくケースもある。

永住志向でも、いざというときのために備えておきたい。

【購入前の3カ条】

①データ比較で相場感覚を磨く
②管理状況をチェック
③出口戦略（売ったらいくら）をイメージ

日下部理絵（くさかべ・りえ）
第1回マンション管理士試験に合格。マンショントレンドのほか実務経験からマンションの実態に精通。著書に『60歳からのマンション学』（講談社）など多数。

今こそ賃貸マンションを選択?

価値観の多様化などを受け、賃貸マンションを選ぶ人が増えている。最新の総務省「住宅・土地統計調査」によると、2018年の持ち家世帯比率は40歳代が57・9%。対して、30歳代は35・9%、30歳未満では6・4%と、若年層になるほどその比率が低くなっている。

さらに、ここ最近は住宅価格が高騰し、金利の上昇懸念もある。今こそ賃貸マンションを選ぶべきなのか。それを検証するために、項目ごとに持ち家と賃貸のメリット・デメリットをまとめた。

「初期費用」については、自宅を買うにしろ借りるにしろ負担が発生する。ただ、持ち家に比べると賃貸は初期費用をグッと抑えられる。

持ち家購入には、頭金や登記費用、住宅ローン諸費用など物件価格の3～10％程度の初期費用が必要だ。賃貸も敷金、礼金、物件によっては保証会社の保証料がかかるものの、賃料の2～5カ月分程度の負担で済む。

優遇制度の適用も違う

「毎月の費用」で見てみると、持ち家は初期費用が大きいが、ローン完済後については毎月の返済がなくなり維持費だけで済む。賃貸は借りて住み続ける限り、毎月賃料を支払い続けなければいけない。

「税金」はどうか。持ち家は住宅を取得したときに納める不動産取得税以外にも、不動産の所有者に課される固定資産税や都市計画税（市街化区域内）を毎年負担しなければならない。賃貸は所有していないため税金の負担はない。

「優遇制度」については、持ち家は一定の条件を満たせば、住宅ローン控除やすまい給付金、各種税金の軽減などの優遇措置を受けることができる。しかし、賃貸にはこのような優遇制度の適用はない。

「維持管理・修繕費」の側面から見ると、持ち家は維持管理や大規模修繕にかかる費用などを負担しなければならない。マンションの場合、毎月の管理費や修繕積立金が求められ、一時金の徴収が発生するケースもある。賃貸は共益費や管理費という名目で毎月支払うが、基本的には維持管理の費用はオーナーや管理会社が負担する。

「リフォーム」の自由度は、持ち家のほうが圧倒的にある。壁紙の貼り替え、間取りの変更などが自由自在である。ただし、マンションの場合は管理組合への申請、承認が必要だ。賃貸は基本的にリフォームできず、壁にくぎやネジで穴を開ける際にも気を使う。

「**住み替えや引っ越し**」が気軽にできるのは賃貸。家族が増えて家が狭くなった、子どもが独立して広すぎるといった環境の変化に応じて、引っ越しが容易にできる。対して、持ち家は簡単にはできない。売却には時間を要し、最悪のケースでは買い手が見つからない、あるいは売れてもローン残高と大幅な差異が出てしまうといったリスクも考慮しなければならない。

「**資産形成**」という意味では、持ち家に軍配が上がる。持ち家はローンを完済すると自分の資産として残り、いざというときには売却したり貸したりできる。子どもに財産として残すこともできる。

老後も自宅を売却して得た資金を老人ホームの入居費用に充てる、リバースモーゲージ（不動産を担保にお金を借り入れ亡くなった後に物件の売却金で借入金を返済する）やリースバック（運営会社に物件を売却した後もそのまま住み続けられる）を活用するなど選択肢が広がる。

一方、賃貸はどれだけ賃料を支払い続けても、自分の資産にはならない。住まいは長い時間を過ごす大切な場所だからこそ、それぞれのよいところ悪いところをよく理解して「住みこなす」べきであろう。

（住宅ジャーナリスト／マンション・トレンド評論家・日下部理絵）

盲点① 中古マンション「水回り」のわな

知らぬ間に漏水加害者の恐怖

ジャーナリスト・伊藤 歩

高経年ながら好立地、大規模修繕も定期的に実施されていて、管理状態は良好。外観も美しいし内部は最新鋭の設備が入って新築同然。そんなリノベーションマンションを購入して入居した途端、「階下で漏水事故が起きた。原因はお宅の老朽化した給湯管だから責任を取れ」と言われたら、冷静でいられる人はどのくらいいるだろうか。

まず、室内で大量の水をこぼした覚えはまったくないのに、階下で大量の漏水が発生したとしよう。住民から通報を受けた管理会社の指示で設備工事会社がやってきて簡単な調査をし、漏水は自分の部屋の床下を通っている給湯管のどこかに穴が開いたからだということが確定。すぐに床を開け穴が開いた箇所を探して修理をする必要があり、しかもその費用は自己負担だと言われる。

調査費用と被害住戸の復旧費用には保険を使えるが、加害住戸の修理費用には保険が利かない。被害住戸の復旧を保険で賄いきれない場合は、それも加害住戸の負担になる。なぜなら床下の配管は専有部であり、管理責任は区分所有者が負っているからだ。修理が終わるまでは当然、お湯は使えない。

ここまでのことが漏水発生からわずか数時間のうちに起きる。

床下の配管は専有部

現在、多くのマンションでは、ガス給湯器を玄関ドア横のメーターボックス内もしくはベランダに設置し、浴室、洗面台、台所の各蛇口にお湯を供給する「セントラル方式」という給湯方式が採用されている。

電気料金が安い夜間に沸かしたお湯をタンクにためて昼間に使う、「電気温水器方式」のマンションも相当数あるが、数ではセントラル方式が圧倒的に多い。

メーターボックス内を縦に通る共用部の給水管から常温水を給湯器まで運ぶ給水管、給湯器で温められたお湯を各蛇口まで運ぶ給湯管のどちらも、管理規約上専有部に位置づけられる。

専有部の給水管、給湯管は床下や壁の中、天井裏などに配置されているから、床や壁を開けなければ劣化状態は確認できない。つまり管理不能だが、専有部である以上管理責任は区分所有者が負っているのだ。

縦に通っている共用部に対し、専有部の配管は横に通っているので、「横引き管」とも呼ばれる。給湯器がベランダに設置されている場合、給水管は玄関横のメーターボックスから水回りとは無関係の寝室やリビングの床下を通って給湯器にたどり着き、給湯器を出発点とする給湯管は、給水管に並走しながら各蛇口にたどり着く。

スラブの上を通る給水・給湯管は専有部

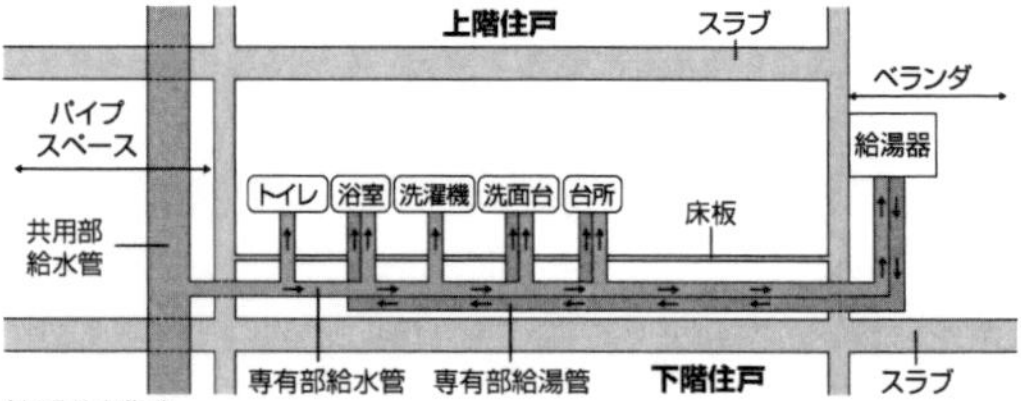

(出所)筆者作成

水は真下に落ち、上下階を隔てるコンクリートは水を通しやすい。リビングや寝室の床下部分で穴が開けば、同じ間取りの階下ではリビングや寝室の天井から大量の水が降り注ぎ、大切な衣類や文書類が被害に遭う。加害者宅では、電動のこぎりを使ってフローリングが剥がされ、床下をはう給湯管のどこに穴が開いたのかを特定する調査作業が行なわれる。

穴の位置を特定できればその部分を交換する場合もあるが、高経年のマンションの場合、1カ所穴が開いたら、またすぐどこかに別の穴が開く可能性が高い。

そこで業者は、古い配管はそのままにして新しい配管を設置することを勧めてくる。新しい管を設置する場所は、室内だ。壁や天井に何カ所も穴を開け、室内を配管がはい回る、見るも無残な工事を提案され、その代金は100万円前後。しかも自己負担だ。

施工業者からは「床を開けたら配管がコンクリートに埋まっていて、漏水箇所を探せない。配管の新設しかない」と言われることもある。高経年のマンションでは、穴が開いた箇所を見つけることができてもできなくても、新しい配管に全交換すべきなのだから、床を開けるのは室内を傷つけるだけの無駄な作業でしかない。

リノベ物件でも起きる

加害者がこの時点である程度冷静でいられたら、工事の発注権限は自分にあり、誰かに強要されるスジのものでもなく、ほかの業者からも話を聞くという判断が可能だろう。

しかし突然の出来事に狼狽していると、漏水発生からわずか数日の間に施工業者に言われるまま悲惨な工事をされた揚げ句、多額の出費という事態に陥る。実際には美観を損ねない配管方法もあるが、管理会社の指示により緊急対応でやってくる業者がすべて加害者の立場で考えてくれるわけではない。中には「被害者がいるのだから早く対応しろ」と言って、加害者の神経を逆なでする業者もいる。

本来は保険対応できないはずの加害者宅の工事を保険で賄うカラクリもあり、同じ加害者でも管理会社の担当者から「穴が開いた給湯管の修繕も保険で対応可能だからすべて私にお任せを」と言われる場合もある。

保険で賄おうとすると、早くて安い最低限の工事になり、結果的に悲惨なことになる。こうしたケースでは、加害者は費用負担がない分、当事者としての自覚も芽生えにくく、的確な判断ができないまま部屋の中をずたずたにされてしまうことにもなりうる。


このような事態は新築同然に見えるリノベーション物件でも起こりうる。壁や天井まですべて剥がし、いわゆるスケルトン状態にして最新鋭の設備を入れていても、配管は中途半端にしか交換していない場合は多々ある。

高経年のマンションの場合、配管が部分的にコンクリートに埋まっているケースも多い。こうしたケースでは、配管交換はコンクリートに埋まっていない箇所だけ実施することになる。漏水は交換していない箇所から起きるのだ。

宅地建物取引業法上も配管に関する説明は重要事項説明の対象外で、購入早々漏水事故が起きても、仲介業者や売り主のリノベーション業者に重要事項説明義務違反や賠償責任を問うことはできない。

仮に完璧に配管の交換がなされていても、それは加害者になるリスクがないだけで、被害者になるリスクは残ったままだ。

始まりは90年代半ば

マンションの劣化現象として最初に発生するのが水回りの劣化であることは広く知られている。

給水管や給湯管の劣化による漏水、中でも給湯管に「ピンホール」という針の穴ほどの小さな穴が開き、そこから漏れた水が階下の住戸に甚大な被害を与えるケースは、マンションの漏水事故の実に95%を占めるといわれる。

なぜ給水管ではなく給湯管なのか。蛇口を閉めている間、給湯管内にたまった温水は、冷えて冬場はゼロ度になるが、ひとたび蛇口が開けば給湯器から高温のお湯が流れ込んでくる。

常温水しか通らない給水管とは異なり、最高60度のお湯と常温水が交互に通る給湯管はそれだけ消耗が激しい。通常給水管には鉄、給湯管には銅が使われ、面で劣化する鉄は赤さびという予兆があるが、ピンホールは銅特有の現象で、しかもある日突然開く。

給湯管のピンホール事故が全国で頻発し始めたのは1990年代半ばだ。70年代半ばごろまでは、バスタブの横にバランス釜を置くなど、お湯を使う場所の隣に給湯器を設置していたので給湯管は不要だった。だが、1976年に1台の給湯器で1世帯分のお湯を賄うセントラル方式が登場したことで、給湯管が必要になった。

その1970年代後半に建った、給湯管を備えたマンションが築20年を迎える頃からピンホール事故が頻発し始めた。

漏水事故が起きると管理組合はマンション総合保険を使うが、頻繁に使えば保険会社が保険契約締結を拒否したり、高額の保険料を要求したりするようになる。数年以内に全戸の2割以上で発生するようになると、保険契約拒絶の可能性が出てくる。

ほかの住戸で起きたピンホール事故は、自室で事故が起きなくてもマンション全体の保険契約に影響を与えるという点で、ひとごとではなくなるのだ。

こうした事情から、意識が高いマンション管理組合は、全戸で配管の交換工事を実施し漏水発生を防ぐ必要性を感じ始める。ところが、そこに立ちはだかるのが、「マンション関連法規の憲法」ともいうべき建物区分所有法である。

変わる風向き

建物区分所有法は修繕積立金の使途を共用部の修繕等に限定しており、専有部に使うことを厳格に禁じている。

国土交通省は同法の主旨を「マンション標準管理規約」に盛り込み、全国の管理組合に対し、標準管理規約に準拠した規約を使用することを強く推奨している。

その標準管理規約21条2項には、「専有部分である設備のうち共用部分と構造上一体となった部分の管理を共用部分の管理と一体として行う必要があるときは、管理組合がこれを行うことができる」とある。

素人が素直に読めば、専有部も含めた配管工事を管理組合の修繕積立金で実施してよいと取れる。

だが、国交省は「コメント」と称する解釈文書も付け、排水管のジェット洗浄費用は専有部の分も含めて管理費から出してよいが、配管交換は専有部と共用部とで同時に実施したら、かかった費用を専有部と共用部で厳格に分け、専有部については区分所有者に負担させせろと言っている。

後追いでコメントが改訂された

標準管理規約21条2項

専有部分である設備のうち共用部分と構造上一体となった部分の管理を共用部分の管理と一体として行う必要があるときは、管理組合がこれを行うことができる。

標準管理規約コメント21条関係(1997年2月7日改訂)

⑦第2項の対象となる設備としては、配管、配線等がある。
⑧配管の清掃等に要する費用については、第27条第三号の「共用設備の保守維持費」として管理費を充当することが可能であるが、**配管の取替え等に要する費用のうち専有部分に係るものについては、各区分所有者が実費に応じて負担すべきものである。**

↓

標準管理規約コメント21条関係(2021年6月22日改訂)

⑦ 第2項の対象となる設備としては、配管、配線等がある。配管の清掃等に要する費用については、第27条第三号の「共用設備の保守維持費」として管理費を充当することが可能であるが、**配管の取替え等に要する費用のうち専有部分に係るものについては、各区分所有者が実費に応じて負担すべきものである。なお、共用部分の配管の取替えと専有部分の配管の取替えを同時に行うことにより、専有部分の配管の取替えを単独で行うよりも費用が軽減される場合には、これらについて一体的に工事を行うことも考えられる。その場合には、あらかじめ長期修繕計画において専有部分の配管の取替えについて記載し、その工事費用を修繕積立金から拠出することについて規約に規定するとともに、先行して工事を行った区分所有者への補償の有無等についても十分留意することが必要である。**

この条項とコメントは、ちょうどピンホール事故が頻発し始めた1997年2月の改訂で新たに入った。

つまり、専有部も含めた全戸で修繕積立金を使って配管交換をしようとすれば、標準管理規約違反となり、さらに建物区分所有法違反となる可能性がある。

だが、修繕積立金を使わず区分所有者に負担させては全戸での配管交換は不可能になり、工事を実施しなかった住戸の漏水事故は起こり続け、工事に応じた住戸に被害を与えた揚げ句に保険契約を拒絶されるリスクは残るという不合理な事態が生まれる。

コメントの存在を知らずに無邪気に修繕積立金を使って全戸で更新工事を実施したマンションもある一方、苦肉の策として、一時的に管理規約で専有部の配管を共用部に変更し、工事終了後に再度規約を変更して専有部に戻すという奇策を講じたマンションもある。

こうした理不尽な状況が続く中、風向きが変わったのは2017年9月のこと。修繕積立金を使って配管類どころかユニットバスや便器などの設備まで交換する大規模修繕を実施したマンション管理組合が、この修繕に反対していた区分所有者から訴えられた訴訟で、最高裁判所が管理組合勝訴の判断を下したのだ。

この判決を経て、2021年6月には国交省がコメントを改訂。大規模修繕計画にあらかじめ盛り込めば、修繕積立金を専有部に使うことも可能とする文言を付け加えた。

2000年以降、新築マンションの給水管・給湯管は、徐々に金属製から架橋ポリエチレン製に置き換わったが、完全に置き換わってからはまだ十数年しか経っていない。漏水リスクを放置すれば管理組合の財政を危うくする。築20年以上のマンションを所有する国民全体が負っているリスクだ。

コメント改訂から1年半が経過したが、管理会社が管理組合に対し、専有部の配管交換も含めた大規模修繕計画を提案する動きが出てきたという話は聞こえてこない。管理会社の提案を待っていては手遅れになるかもしれないのだ。

まずは区分所有者一人ひとりが、自身の居室のどこを配管が通っていて、その配管は金属管なのかポリ管なのか、それを認識することが第一歩だ。この程度は管理会社に聞けば簡単に判明するはずで、把握していない管理会社にまともな大規模修繕計画は作れない。

マンションは大抵の人にとって、多額の住宅ローンを背負って買った大事な資産のはずだ。無関心ゆえに劣化を放置してよいわけがない。

伊藤　歩（いとう・あゆみ）

1962年神奈川県生まれ。複数のノンバンク、外資系銀行、信用調査機関を経て現職。『弁護士業界大研究』（産学社）、『優良中古マンション　不都合な真実』（東洋経済新報社）など著書多数。

マンション総合保険のカラクリ

ジャーナリスト・伊藤　歩

管理組合が加入するマンション総合保険では、漏水の原因調査と被害者宅の復旧には保険金が下りる。だが、老朽化が原因で事故を起こした加害者宅の配管の修繕工事費用には下りない。

これはマンション総合保険の鉄則だ。つまり加害者は、居室を露出配管がはい回る悲惨な工事をされたうえに、その工事代として100万円前後の支出をも余儀なくされるのだ。ところが、下りないはずの保険金が下り、いっさい費用負担をせずに済む加害者も少なからず存在する。

マンション総合保険は、共用部に損害が発生した場合に備え管理組合が加入する保険。火災や水害、盗難などの被害について保障する主契約に加え、特約もつけられる。代表的なものが施設賠償特約、水濡れ原因調査費用特約、個人賠償特約の3つだ。

加害者宅の配管修繕は自己負担!

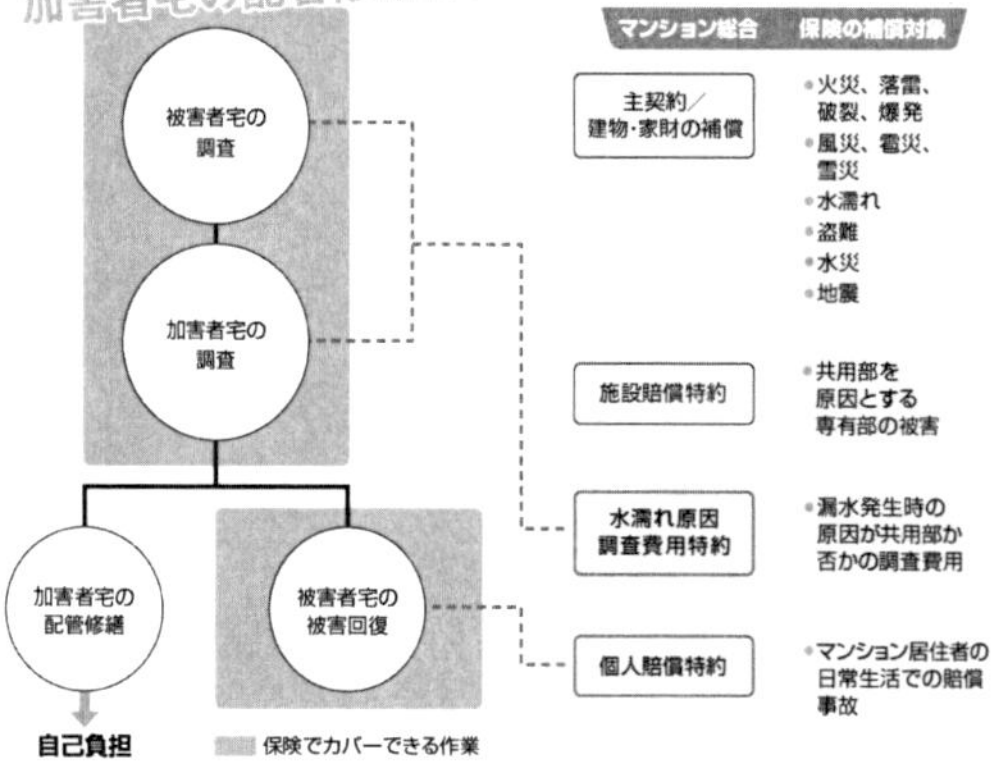

被害者宅の調査
加害者宅の調査
加害者宅の配管修繕
自己負担
被害者宅の被害回復
保険でカバーできる作業
マンション総合　保険の補償対象
主契約／建物・家財の補償
・火災、落雷、破裂、爆発
・風災、雹災、雪災
・水濡れ
・盗難
・水災
・地震
施設賠償特約
・共用部を原因とする専有部の被害
水濡れ原因調査費用特約
・漏水発生時の原因が共用部か否かの調査費用
個人賠償特約
・マンション居住者の日常生活での賠償事故

このうち施設賠償特約は、共用部の損傷が原因で誰かに被害を与えた場合に、被害者に払う賠償金相当額について、保険金が下りる特約だ。例えば共用部からの雨漏りで専有部に漏水が発生した場合、被害者宅の復旧工事費は保険金の支払い対象だ。

2つ目の水濡れ原因調査費用特約は、漏水の発生箇所に関係なく保険金が下りる。専有部で漏水が発生した場合でも保険金が下りるのは、漏水の原因が共用部にあるかどうかを確認するためだからだ。

そして個人賠償特約はほかの2つの特約とは性格が異なり、区分所有者が日常生活で起こす事故の賠償に保険金が下りる。個人賠償特約は本来、区分所有者が個人で入る損害保険につけるべきものだが、区分所有者全員分をまとめてつけ、保険料の団体割引を適用するという趣旨で、損害保険会社が提供しているサービスだ。

したがって、専有部から専有部への漏水事故が起きると、被害者宅、加害者宅双方の漏水調査費用は水濡れ原因調査費用特約、被害者宅の復旧費用は個人賠償特約で請求した保険金でそれぞれ賄うことになる。

一方、加害者宅の配管修繕費には保険が下りる余地はないように見える。ところが、ここにカラクリがあるのだ。

不正請求も日常的処理

次図は漏水が発生してから保険金が支払われるまでをまとめたものだ。

漏水事故発生時の当事者関係図

―専有部から専有部への漏水の場合―

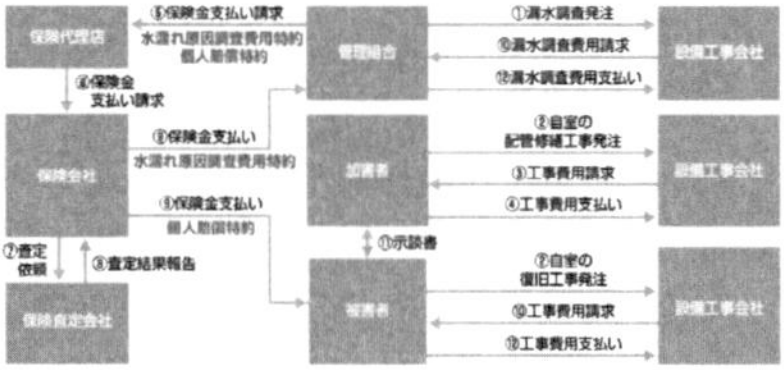

まず漏水が発生すると、被害者から通報を受けた管理会社は懇意にしている設備工事会社を調査に向かわせる。被害者、加害者双方が異議を唱えなければ、管理会社が調査に向かわせた設備工事会社が、漏水調査、被害者宅の復旧、加害者宅の配管修繕という3つの工事すべてを請け負う。

突然のことに狼狽してしまう加害者は多く、ほかの業者から相見積もりを取るという知恵も回らない。被害者も、いっさい負担がないとなれば管理会社の言いなりになるケースがほとんどだ。

保険金請求手続きは本来、保険契約者である管理組合が行うべきものだが、実務は管理会社の担当者が代行する。管理会社は保険代理店も兼務しているケースが大半で、漏水事故を処理する当事者は事実上、設備工事会社と管理会社、保険査定会社、そして保険会社の4者になる。

ところがだ。管理会社の担当者は、漏水調査と被害者宅の復旧工事の見積書を作る際、設備工事会社に指示して加害者宅の工事代相当分を水増しして作成させ、加害者宅の工事代分も合わせて保険金を請求しているというのだ。

この処理は明らかに保険金の不正請求。だが、事情に詳しい関係者は「管理会社の担当者にとっては、ごく当たり前の日常的な処理になっている」と明かす。

というのも、水増し請求を見破らなければならないはずの保険代理店部門の担当者が、同じ管理会社の従業員だからだ。最後の砦であるはずの保険査定会社も、請求金額が100万円前後の案件だと現地調査もしないので、水増しに気づくことはほぼない。

通常、管理会社の営業部門と保険代理店部門には業務隔壁が設けられており、両者が結託しなかったとしても保険金は請求どおりに下りるのが一般的だ。そういった現状からすると、査定会社でも気づかない不正に、保険代理店部門が気づくわけはない。

さらにだ。水濡れ原因調査費用に関する保険金は管理会社に、被害者宅の修繕費用に関する保険金は被害者に支払われるものだが、受取人は保険金の振込先を自由に指定できる。

そのため管理会社の担当者から、保険金の振込先を管理組合や被害者の口座ではなく、設備工事会社の口座にするよう勧められれば、管理組合も被害者も何も疑わずに言いなりになってしまう。こうして下りた保険金は、全額、管理会社の息のかかった設備工事会社の懐に納まり、加害者が支払うべき費用もすべて賄ってしまうというわけだ。

この方法では、管理組合が保険金を受け取った事実も、漏水調査費用を設備工事会社に払った事実も、管理組合の帳簿に残らない。加害者も被害者も、保険金を不正請求したという自覚はない。こうした不正請求は、遅くとも2005年ごろには管理会社の担当者にとってスタンダードな事故処理方法として定着したもようだ。

加害者に配管修繕費用を負担する資力がなかったり、自身に過失はないのに突然加害者扱いされ、意地になって修繕を拒否したりする場合もある。このため、事故処理をスムーズに運ぶためのノウハウとして有効だったことは間違いない。

すべてを保険金で賄うため、誰の懐も痛まない分、チェックも入りにくい。そのため管理会社の担当者と設備工事会社が結託した、工事代金の大幅水増しも横行している。中には加害者には建前どおり工事費を自己負担させたうえで、調査費用と被害者宅の復旧工事費については実際にかかった費用の数倍の額で保険金を請求する悪質なケースもあるという。

ただ、いずれも不正請求であることは間違いない。知らないうちに加担者にならないよう、チェックしてみる価値はあるだろう。

専有部と共用部の狭間で多発するトラブル解決法

弁護士・柄澤昌樹

マンション生活ではさまざまなトラブルに見舞われる。中でも多いのが「専有部分」と「共用部分」の境界をめぐるものだ。そこで典型的なケースをマンション内の紛争に詳しい柄澤昌樹弁護士に解説してもらった。

スラブ下の排水管は専有部分か共用部分か

古いマンションでは、上階の排水管の枝管がコンクリートスラブを貫通して下階の天井裏を通っていることがある。このようなケースで、スラブの下で漏水が起きたとき、排水管の修理費用や損害賠償債務を誰が負担するべきかが問題になる。

　実際にこうしたケースでトラブルが起き、最高裁判所まで争われた事例がある。最高裁の判例（２０００年３月２１日）では、上階の住民はスラブ下の排水管の点検、修理を行うことは不可能で、下階の天井裏に入ってこれを実施するほかないとし、こうした排水管は「専有部分に属しない建物の附属物にあたり、かつ区分所有者全員の共用部分にあたる」と判断した。

　そうなると、修理費用および被害者である下階住民への損害賠償債務については、全区分所有者（管理組合）が支払うべきものということになる。

　一方、コンクリートスラブより上の排水管については、上階の専有部分にあり、水漏れ事故の修理費や損害賠償債務は上階の住民が負うべきだと判示されたケースもある。

　きれいにリフォームされていても、古いマンションを購入するときは排水管の配置はチェックしておきたいポイントだ。

高圧一括受電導入での特別決議は有効か

個別契約より1戸当たりの電気料金が安くなる高圧一括受電の導入をめぐって、最高裁が一審、二審の判断を覆した有名な判例がある（2019年3月5日）。

札幌のマンションで、高圧一括受電導入を管理組合が進め、「4分の3以上」の特別決議も行われた。この決議で住民は事実上、電力会社との個別契約の解約が義務づけられることになった。

ところが住民2人が個別契約の解約を拒否して一括受電は頓挫。導入を推進してきた住民が反対住民を訴えた。裁判では一審、二審が「特別決議は有効」だと判断したものを、最高裁が無効だとひっくり返したのだ。

焦点となったのは、専有部分のことについて「マンション住民の多数決で決められるのか」という根本的な問題だった。最高裁は、決められないと判断したわけだ。

区分所有権は絶対的なもので、所有権絶対の原則が貫徹されなければならないというのが判決の趣旨で、確かに区分所有法の建前はそういうことになっている。

管理組合は、多数決で何でも決められると思いがち。専有部分であってもペットの飼育や店舗としての使用を禁じるなど使用方法についても管理規約で制約はできる。しかし、多数決で決めた規約で専有部分のことをすべて制限できるわけではない。そういう意味で、マンション管理に携わる関係者に衝撃が走った画期的判決だった。

専用駐車場を有償化できるか

中古マンションの場合、マンション本体とは別に、一部の購入者に駐車場の無償・無期限の専用使用権をつけて分譲しているケースがある。もともとマンション本体の価格を抑えるために考案された方法で、１９７３年ごろまでは広く採用されていたようだ。

もともと共有すべきマンション敷地の一部に駐車場を設け、専用使用権を付与することをめぐっては、たびたび紛争も起きている。

判例では、専用使用権の分譲契約そのものを無効にすることはさすがにできないとされている。一方、無償の専用使用権を有償化することは、その必要性、徴収する駐車場使用料の額が妥当であれば、管理規約や総会決議によって区分所有者の承諾なしに可能だとされている。

駐車場の専用使用権は、区分所有者みんなのものである共用部分に設定されているため、分譲業者を通じての合意が基本。また区分所有法上、権利を多数決によって取り上げることはできない。しかし年月が経ち事情が変わった場合には無償から有償に変えてもいいのではないか、というのが裁判所の考え方だ。

とはいえ、1979年当時の建設省通達で専用使用権の設定は好ましくないとされ、現在はほとんどが賃貸方式。ただ時折、駐車場の専用使用権付きで売買されている古いマンションもあるので、注意してほしい。

ルーフバルコニーの維持費は誰が払う

専用使用権をめぐっては、ルーフバルコニー（屋上テラス）もトラブルに発展するケースが少なくない。例えばルーフバルコニーの防水工事。バルコニーを使っている住民が費用を負担すべきか、それともあくまで共用部分であるため維持管理費として管理組合が負担すべきかでもめるのだ。

マンション標準管理規約21条1項ただし書きでは、「通常の使用に伴うものについては、専用使用権を有する者がその責任と負担においてこれを行わなければならない」とされている。そこで、防水工事が「通常の使用に伴うもの」かどうかが問題になる。

これが長期修繕計画に基づく大修繕であれば、やはり管理組合が負担すべきものとなろう。一方、応急処置的な小規模の修繕であれば、「通常の使用に伴うもの」として当該住民が負担すべきであると考えられる。

ただし、特定の住民が専用使用していることで防水機能の劣化が早まったりしている場合などは、状況によってはその住民が工事費の一部を負担するべきだといえる。

ちなみに、バルコニーの窓サッシなど、共用部分を各戸が専用使用している場合の一斉改修については、通常の使用に伴うものなのか、それとも経年劣化に伴うものなのかで、地方裁判所と高等裁判所の判断が分かれたケースもあることを付け加えておく。

また、各戸で専用使用している部分を管理組合が一斉に修理・更新する際、すでに自費で修理している人と、そうでない人とでばらつきが生じる場合もある。こうしたケースでは、管理組合で負担することが公平なのか、慎重に検討するべきだろう。

（構成・森　創一郎）

柄澤昌樹（からさわ・まさき）

1962年横浜市生まれ。85年早稲田大学法学部卒業、人事院事務官採用。91年司法試験合格（46期司法修習）。94年に弁護士登録（第二東京弁護士会）。99年、柄澤法律事務所を開設。

マンション評価制度のポイント

「管理を買え」といわれる中古マンションだが、管理組合の日頃の努力を客観的にどう評価するのか。また、マンション購入希望者は何を目印に管理を評価すればいいのだろうか。

そこで着目したいのが、ともに2022年4月からスタートした「マンション管理計画認定制度」（認定制度）と「マンション管理適正評価制度」（評価制度）だ。

マンションの管理認定制度および各評価サービスの概要

	制度名称	主体	概要	審査項目	評価	有効期間	使い分けのコツ
法律に基づく制度	マンション管理計画認定制度	地方公共団体	適切なマンションの維持管理に必要な管理者および監事の選任、管理規約および長期修繕計画の作成状況などソフト面（管理組合の運営等）を評価	16項目 ※地方公共団体が独自の基準を追加することが可能	認定（取得の有無）	5年間	最低限の管理ができているかをチェック。住民・管理組合の管理への意識向上に有効
業界団体の制度	マンション管理適正評価制度	（一社）マンション管理業協会	管理組合の運営に関する事項に加え、建物・設備の法定点検、耐震診断および耐震改修の実施の状況などハード面や消防訓練の実施等を評価	30項目（5カテゴリー）	6段階評価（星ゼロ～星5つ）	1年間	資産価値アップに有効。低評価でも今後の伸びしろが期待できる。相続時、売却時の判断材料にも
	マンション管理適正化診断サービス	（一社）日本マンション管理士会連合会	管理組合の運営に関する事項に加え、建物・設備の法定点検、修繕工事の実施状況などハード面や損害保険の付保状況等を評価	37項目（12カテゴリー）	3段階評価（S・A・B）	5年間	外壁や給排水管など、建物のハード面の現状把握に有効

（出所）国土交通省の資料を基に東洋経済作成

認定制度は都道府県や市、区など地方公共団体がマンションの管理水準の底上げを図るために導入された公的制度で、認定は「される」「されない」の2択になる。一方、評価制度は民間団体の評価で、ランクづけされて評価されるのが特徴だ。似たような制度に見えるが内容に違いがあり、それぞれの特徴と使い分けのコツをつかむと、マンション管理の質的向上にも取り組みやすくなる。

まずは認定制度の特徴を見ていこう。この制度では都道府県などが管理の状況をチェックし、基準を満たしていれば「認定」となる。ポイントは、最低限の管理が行われていると公的に認定されることだ。うまく活用すれば、住民の管理への意識向上につなげることができる。

申請は自治体窓口で直接行う方法と、マンション管理センターの事前確認を受けたうえで行う方法がある。

審査項目は16項目で、「管理規約が制定されていること」といった基本的なものから、「長期修繕計画において将来の一時的な修繕積立金の徴収を予定していないこと」

といった、やや踏み込んだものまである。

認定を受けると、マンション購入者が住宅金融支援機構の「フラット35」の金利優遇を受けたり、管理組合が「マンション共用部分リフォーム融資」などの金利優遇を受けたりできるメリットもある。

全国で認定第一号となったのが、築48年の「高島平ハイツ」（東京都板橋区）だった（2022年6月に認定）。認定取得を主導した前理事長の篠原満さんは「マンションの資産価値を上げるためではなく、自分たちがやってきた管理手法が適切だったことを証明したかった」と話す。

高島平ハイツでは歴代理事長が、新築時からの手書きの各種議事録や管理規約、修繕記録などありとあらゆる書類を整理して、管理組合事務室に保管してきた。組合員名簿、居住者名簿に加え、災害時の避難に手助けが必要な要援護者の名簿も常備されている。

高島平ハイツでは、大規模修繕の予算計画作成や業者選定も外部に丸投げせず、自分たちで行ってきた。管理組合にすべての記録が残っているのもそのためだ。

「（1983年の）1回目の大規模修繕では200万円以上かけてコンサル会社に計画策定をお願いしたが、計画書は数ページのペラペラのものだった」と篠原さんは振り返る。甘い見通しがたたり、2回目の大規模修繕では巨額の一時金を徴収することになった。

これを機に修繕積立金は「均等積み立て方式」に変え、積立額も大幅に引き上げた。それ以降12年ごとに問題なく大規模修繕を実施できている。さらにマンションの寿命を80年と想定し、修繕積立金の範囲で2億5000万円の解体費を賄える計画にしている。

篠原さんは2022年4月、板橋区役所が配布する認定制度のチラシを目にし、管理規約や議事録の書類を持参して担当窓口に申請の可否を相談した。相談を受けた住宅政策課の杉田広司主査は、「48年前の総会議事録から全部残っていることには驚いた。長期修繕計画には借り入れもなく、区独自の努力目標としている解体費用も見込んで計画を立てている。解体時期が決まっていれば、修繕計画も立てやすい」と話す。

認定制度は最低限の管理を認定する制度だが、自治体の独自基準が上乗せされるケースもある。板橋区では「危機管理体制の整備」などを認定基準に加えている。高島平ハイツは、板橋区の厳しい独自基準もほぼクリアしている。

星2つで問題浮き彫りに

次に、評価制度のポイントも確認していこう。認定制度は管理の最低ラインを示すのに対し、評価制度はランクづけによる評価を受けるもので、中古物件の購入時だけでなく相続時や売却時の判断材料として使うこともできる。

評価制度はマンションの管理体制、管理組合の収支、耐震関係など5つのカテゴリー・30項目を100点満点で評価し、点数に応じて星ゼロ〜星5つの等級がつく。例えば、修繕積立金の項目では積み立て方法によって0〜12点の配点とし、長期修繕計画が策定されていることを前提に「収支計画」と「計画に対する実行性」の両面で段階評価される。

耐震関係では、新耐震基準で建設されていれば自動的に10点満点、耐震診断実施済みで耐震性に問題はあるが総会決議された改修予定があれば5点、といった具合に評価する。

運営主体のマンション管理業協会の前島英輝調査部次長は、「国、地方公共団体の認定制度は一つでも基準を満たさない項目があると認定を取得することができない難しさがあるが、評価制度は段階評価だ。当該マンションの管理のどこが優れていて、どこに改善が必要か一目でわかるのが特長」と語る。

評価を受けるには、まず管理組合が評価制度の講習を修了した評価者（管理会社など）にマンションの管理状況の評価を依頼する。

評価者の評価を得た後、総会で登録申請の決議を行い、その後評価結果が正式に協会のシステムに登録されることになる。管理状況や評価の情報は、協会のホームページや複数の不動産仲介会社のサイトで公開される。

総会の決議を経ていることなどもあり、一連の流れの中で低評価が判明しても、登録や公表を拒むことは基本的にはできない。

「星4つ以上は取れると思っていたので、評価結果を見たときは衝撃を受けた。ただ、問題点が浮き彫りになったことは非常に意義があった」と話すのは、星2つの評価を受けたJワザック両国（東京都墨田区）の片岡忠朗理事長だ。

長期修繕や修繕積立金の計画書は存在していたものの、新築当初から総会の議案に明記されておらず総会で承認されていなかった。また、議長などの署名押印が総会議事録にないことも判明し、大幅な減点となった。

2021年に理事長に就任した片岡さんは、管理業務主任者の資格を持つマンション管理のプロでもある。駐車場にEV（電気自動車）充電器を付けて外部貸し出しを始めたり、管理人の勤務時間を短縮して費用を浮かしたりして管理組合の収支を改善するなど、矢継ぎ早に改革を進めてきた。

減点の理由は明確なため、改めて手続きの不備を修正し、登録更新で星5つを狙うという。

マンション管理業協会の前島次長は、「適正評価制度のあるべき姿をJワザック両国は見せてくれている。星2つを自ら公言していることは問題改善の意思表示でもあり、今後の資産価値向上が期待できる物件ともいえる」と述べる。

給排水管更新の評価も

マンションの管理状況を「見える化」する制度には、日本マンション管理士会連合会（日管連）の「マンション管理適正化診断サービス」（適正化診断）もある。

築年数の古いマンションの共用部分の火災保険料高騰や保険会社の契約拒否を背景に2015年に始まったサービスで、評価に応じて日新火災海上保険の保険料割引が受けられるというものだ。

日管連の瀬下義浩会長は、「保険料が高くなりがちな中古マンションでは保険料の割引は重要になってくる。適正化診断では、その割引を受けるため、外壁や給排水管の更新が評価項目になっている。ほかの制度にはない項目で、ここが大きなポイントになる」と言う。

診断については、診断マンション管理士が管理運営や修繕計画などに加え、法定点検や防火管理、保険事故の履歴など37項目をチェックし、「S」「A」「B」の評価をつける。

2022年4月からは、前述した地方公共団体の認定制度ともリンクしている。S評価の基準をクリアしていれば、認定制度では新たな手続きなしに申請できる。

「10年前から築年別による保険料設定を大手損害保険会社が始めているが、古いマンションについては改修の有無を問わず保険契約を受け付けないケースもある。ちゃんと改修をしているところは適正化診断の結果次第で保険に入れるようにしてほしい」（瀬下会長）

3つの制度を上手に使いこなし、管理状況を透明化するメリットは大きそうだ。

（森　創一郎）

「老朽化」「高齢化」理事長の奮戦記

ＪＲ巣鴨駅から徒歩5分の閑静な住宅街。そこに構える駒込コーポラス（東京・豊島区、53戸）は1967年に竣工した、築55年のマンションだ。

国土交通省の調査「築30年、40年、50年以上の分譲マンション戸数」によると、2021年末時点で築40年以上の老朽マンションは全国に115・6万戸ある。今後も老朽マンションは増加し続ける見通しで、20年後には築40年以上が425・4万戸になり、そのうち築50年以上が約6割を占めるとされる。

築30年、40年、50年以上の分譲マンション戸数

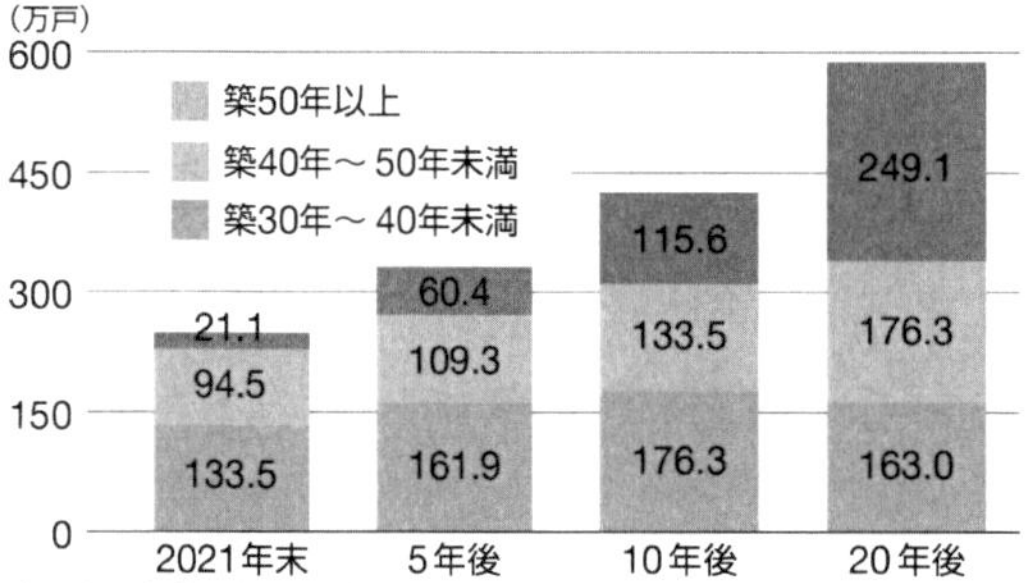

（出所）国土交通省資料を基に東洋経済作成

マンション世帯主の年齢構成

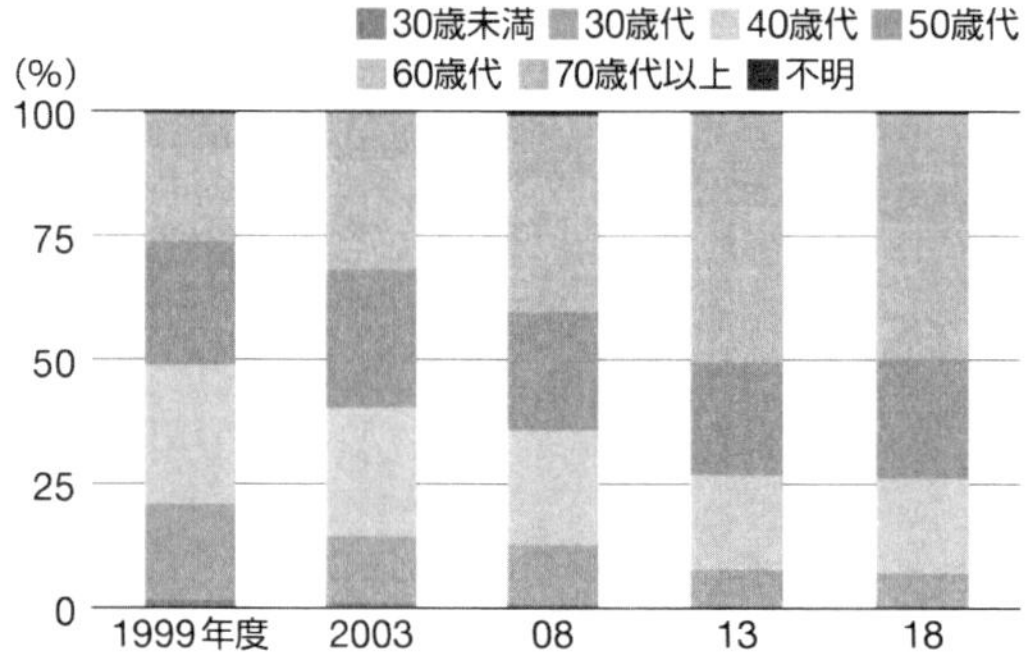

（出所）2018年度マンション総合調査結果を基に東洋経済作成

駒込コーポラスも竣工から50年を超えており、外観は年季が入っている。だが、2012年に大規模修繕を、21年には給排水管の一斉更新を実施。入居者の5割以上は65歳以上の高齢者だが、最近は若年層の独身者、ファミリー層の入居も増えているという。

活気を維持しているマンションだが、ここに至るまでの道のりは決して平坦ではなかった。

このマンションで管理組合が発足したのは23年前。そこで初めて管理規約も制定された。しかし、その後も管理費と修繕積立金の会計を区別することもなく、ごちゃ混ぜの状態が続いた。外壁も傷んでいたが、一部住民の強硬な反発で修繕もままならない。マンションは荒れる一方だった。

「10年前に私が理事長に就任する以前、何でも反対するクレーマー住民がいて大規模修繕も給排水管の更新も進められなかった。その間、屋上から雨漏りがし、あちこちの部屋で漏水が起きていた」。管理組合の磯脇賢二理事長はそう振り返る。

クレーマーへの対応を弁護士に任せ、15年ぶりの大規模修繕が実現したのは

12年のこと。その後、会計の透明化を進めたり、管理会社を入れたりするなどの改革を進めていった。50年以上前の設計で、設置位置などが違法状態になっていた浄化槽やトランクルームの改修も行った。

百聞は一見にしかず作戦

駒込コーポラスの最大の懸案は、排水管の一斉更新だった。

築50年前後の古いマンションでは、上階の排水管の枝管が下階との間にあるコンクリートスラブをも貫通して、下階の天井裏を通っているケースがある。こうした設計のマンションで漏水事故が起きて訴訟沙汰となり、最高裁判所が判例を示したことがある。今ではこの判例などによって、下階の天井裏は専有部分ではあるが、スラブ下の排水管については共用部分として、管理組合が修理費用や損害賠償債務を支払うものとされている。

このため、駒込コーポラスでも排水管は共用部分だけでなく、専有部分についても一括して工事を行う必要があった。

磯脇氏がこの難題に手をつけたのは今から2年前のこと。やはり、一部住民から強い反発があった。

「工事には1億円以上かかるうえ、借り入れや1戸10万円の追加負担もかかる。各戸の床や天井の工事も必要だ。合意形成は簡単ではなかった」（磯脇氏）

風向きが変わったのは、磯脇氏のある「秘策」がきっかけだった。

同氏が自宅とは別に、マンション内で所有していた部屋を「モデルルーム」にして、住民に排水管の実態を見せたのだ。

「この部屋は売却が決まっていて、リフォームのためにスケルトンの状態にしていた。それを生かすような形で、住民に排水管の中を見せた。油やせっけんで目詰まりして水が流れない状態や、管の傷み具合を実際に見てもらった」（磯脇氏）という。

「百聞は一見にしかず」作戦が功を奏し、それまで反対していた住民たちも軒並み排水管の一斉更新を受け入れるようになった。

工事中に認知症世帯への対応などに追われたこともあり、磯脇氏は四苦八苦したものの、2021年12月に何とか更新工事は完了した。

今後もガス管や屋上防水の改修、そしてマンションそのものの建て替えをどうするかといった難題に方向性を出さなければならない。

「排水管の更新を実施したばかりなので、水回りの設備は14～15年は持たせたい。建て替えはその後になるが、建物の老朽化はその分進む。どのような修繕をどこまでやるか、建物の寿命をにらみながらバランスよく考えていかないといけない」と、磯脇氏は表情を引き締める。

磯脇氏の相談を受けてきた日本マンション管理士会連合会の瀬下義浩会長は、次のように指摘する。

「あちこちから水漏れしている〝漏水マンション〟のような状態でも対症療法しか行わない管理会社も多い。管理会社は小さな工事が多いほど利益が上がるからだ。しかし、駒込コーポラスのように、マンションによっては抜本対策が必要なところもある。マンション管理適正化診断なども活用して、適切な処置を取ることが大切だ」

大事なのは人間関係

マンションをめぐっては、建物の老朽化とともに住民の高齢化も大きな問題になっている。

国交省の2018年度「マンション総合調査」では、同年度のマンション世帯主は60歳代以上が約49％と半数近くを占める。そのうち70歳代以上が22％に達した。

住民が高齢化して体が動きづらくなるほど互いに顔を合わせる機会は減り、各世帯の状況についての情報が希薄になる。

日本住宅管理組合協議会（日住協）の西山博之副理事長は「マンション、戸建てにかかわらず、最近はプライバシーを守ろうとお互いに干渉を避ける傾向にある。こうした中で高齢者の支援は管理組合や自治会、行政が行っているが、マンションを運営していくうえですべての土台になるのが住民同士のコミュニケーションだ」と話す。

高齢者の孤独化を緩和する仕組みをうまくつくっているケースが東京・立川市のマンションにある。

旧住宅・都市整備公団が1983年に建てた団地型のマンション、エステート立川一番町（全29棟、総戸数455戸）も住民の高齢化が進む。建物も古いが65歳以上の住民も把握できるだけで半数を軽く超える。

「管理組合の理事会は大規模修繕の計画づくりなどに時間を取られがちだ。住民のコミュニケーションについては、自治評議会、シニアクラブの親和会などが活発に活動していて、役割分担がうまくできている」と、エステート立川の池田明雄理事長代行は話す。

このマンションでは、管理組合に組み込まれていた自治会が2017年に自治評議会として独立した。

評議会の鴨川由美副会長は、「イベントが増え、自治会理事が忙しくなったことで、いっそ理事会から独立させようということになった。独立をきっかけに活動はますます盛んになった」と語る。

自治評議会は管理組合から年間150万円の委託費を受け取り、立川市の補助金も活用しながら正月の餅つき大会、住民の作品を集会場に展示するアート展などを開催している。

年2回、全戸の安否確認を行う一斉防災訓練も自治評議会の主催となる。また、全戸参加の一斉清掃（年7回）は環境の美化だけでなく、住民同士の貴重なコミュニケーションの場にもなっている。

エステート立川には全戸参加の自治評議会のほか、有志が参加する親和会もある。親和会には健康体操やカラオケ、グラウンドゴルフ、囲碁、卓球、マージャンなど15の活動がある。会員は原則65歳以上で年間1200円の会費を払って入会するが、実質的に年齢は問われないようだ。

例えば、健康体操は月1回、敷地内の福祉会館で開かれる。イベントの前後で近況や健康状態も話題になり、これが住民を見守るための貴重な情報源にもなる。「親和会は2007年の発足以降、高齢者の生きがいの場づくりになっている」と、同会の井上昇三会長は破顔一笑する。

親和会の活動の中から「暮らしの相談室」もできた。月1回、「喫茶室」が開かれ、ここで住民の困り事を吸い上げる。各戸の小さな修繕から包丁研ぎまで、さまざまな技術を持つ住民50人ほどのボランティア部隊が、持てる技術を発揮し住民の困り事を解決する仕組みだ。

これだけコミュニケーションが活発なマンションでも、悩みはある。「理事長はじめ理事会のメンバー全体が高齢化し、膨大な仕事に堪えられなくなっている。前の理事長は病気になり副理事長だった自分が急きょ、理事長代行になった。責任感だけで理事を続けるには限界があり、負担を減らす方策を考えないと続かない」（池田氏）。

理事会の高齢化問題については、各地で対策が議論されている。

2022年10月、入居開始から51年目を迎えた多摩ニュータウン地区（多摩市など）の集会所で、「マンションの高齢化問題を考える」と題するセミナーが開かれた。主催した多摩マンション管理組合連絡会の橋口房雄事務局長が言う。

「多摩ニュータウンでは、とくに小規模マンションになるほど理事の高齢化が進み、なり手不足も深刻だ。メンバーが認知症になり、理事会などの議決内容が理解できないといった問題もある」

同セミナーの講師を務めた前出の日住協の西山副理事長は、「標準管理規約に沿って『認知症の人は役員に就任できない』とすることもできる。ただ、認知症の問題は誰にでも起きるものだ。理事長はともかく一般の理事は、理事会に出席したいとの意思が本人にあれば、親族が理事に就任して一緒に理事会に出席することを認めるような議論があってもいい」とセミナーで語った。

マンション管理をめぐって、管理員の高年齢化もしばしば問題になる。定年を迎える社員のうち希望者全員を65歳まで雇用することが一般企業に義務づけられた影響もあり、管理員の人材は一気に減った。さらに古いマンションでは業務も多くなりがちで、募集してもなかなか人が集まらない。

今後、マンション管理は二重、三重に押し寄せる「老い」の問題に、正面から向き合わなければならない。

（森　創一郎）

物価高で修繕見直しも

「管理組合とお金」の大問題

住宅ジャーナリスト／マンショントレンド評論家・日下部理絵

食料品の価格高騰や公共料金値上げなど、何かと家計は苦しくなる。こうした物価の上昇は、マンション管理組合の会計にも影響を及ぼし始めている。

不動産価格は株価にやや遅れる形で連動するといわれるが、物価高もやや遅れる形で「管理費等」に影響する。

マンションの管理費等は、「管理費」と「修繕積立金」の2つに大別される。このうち管理費は一般的に、消費税増税や大幅な仕様変更のときなどを除いて、あまり値上げされることはない。

そもそも管理費は、マンション全体の維持管理に係る経費に使われる。共用部分の電気料金、通信費その他の事務費、火災保険料や地震保険料、そして管理員や清掃員の人件費などである。

管理費と一緒くたにされがちであるが、段階的に値上げされているのは修繕積立金のほうだ。修繕積立金については、人件費や建築資材など工事費の高騰に伴い、値上げや工事周期変更などの措置が取られるケースが少なくない。

管理費と比べ、修繕積立金のほうが物価高などの影響を先に受けやすいのは、「長期修繕計画」という算定根拠があり、おおよそ5年を目安とする定期的な見直しが国から推奨されているからだ。

急激な物価高の中、管理組合は今後、どれくらいの物価上昇を計画に盛り込めばいいのだろうか。

都内のAマンションの長期修繕計画（段階増額積立方式）を見ると、足元では多くの工事単価が値上がりしていることがわかる。

単価変更の例（都内のAマンション）

外壁タイルの洗浄	800円→900円（12.5%増）
外壁タイルの補修・改修	4万円→5万8000円（45%増）
バルコニー床（長尺シート）補修	6100円→9000円（47.5%増）
外壁組足場（ゴンドラ併用）	3000円→5000円（66.6%増） （5400円→8100円〈50%増〉）

（注）2018年6月と22年6月の比較。単位は1平方メートル当たり

全国的には、２０１３年秋ごろから長期修繕計画の単価の上昇が始まった。具体的に言えば、大規模修繕工事を今実施すると、２０１３年に比べて総額約２０～３０％値上がりする計算になる。この間の長期修繕計画の見直しが不十分だと、実施したくてもお金が足りず工事ができなくなる。

そのため、大規模修繕工事の周期を延ばすといった対応がみられるが、急激な物価高に見舞われる今回のようなケースでは、まずは冷静に最新単価の把握や工事の優先事項の検討をするべきだろう。

段階的な見直しが想定されていない「均等積立方式」の長期修繕計画を採用しているマンションでも、物価高対応として計画の見直しは不可欠になる。

値上がり続く電気料金

電気料金にも注意が必要だ。エントランスや廊下などの照明、オートロックや防犯カメラに至るまで、マンションは電気を使う設備であふれている。

日本の電気料金は、燃料価格の変動に応じて変わる、「燃料費調整制度」で計算される。燃料価格が高くなると、それに合わせて電気料金も上がる仕組みだ。

東京電力エナジーパートナーが公表している平均モデルの試算を見ると、2022年12月の電気料金は9126円で、1年前の7485円と比べ、月額1600円以上も高くなっている。大家族やオール電化マンションなら、電気料金上昇の影響はより大きくなるだろう。

大手電力会社では2022年に入って、燃料費調整制度が現行基準になった2009年以降初めて電気料金の上限に達し、その料金が12月時点まで続いている。大手電力会社が軒並み経済産業省に値上げを申請するなど電気料金の抜本的な値上げも検討されている。

管理組合においても電気料金の大幅値上げは、管理費会計の収支に影響を与える。とくに、タワーマンションなどに多いオール電化の場合、一般的なマンションに比べて電気料金の影響は大きい。ガス料金の値上げもあり、公共料金値上げの影響はまだ続きそうである。

公共料金以外の経費（支出）でも、注意文や掲示などに使うコピー用紙や文房具類、共用部分の蛍光灯や電球類、洗剤類などが値上がりしている。

ある都内分譲マンションの理事長はこう話す。「つい先日開催された理事会で管理会社のフロント担当者から管理費の値上げを提案された。『黒字なのに必要なのか』と聞いたら、『実質赤字だ』と言われた。今は『余剰金を崩している』という。現在、理事会で値上げを検討中だ」。

管理費会計は余剰金がある管理組合が多い。ただ、単年度で収支が赤字となれば、その分、余剰金を食い潰すことになる。この状態を放置すれば、管理組合の財政は一気に悪化していく。

加えて、値上げが繰り返されるマンション総合保険の保険料や地震保険料、そして幾度もの最低賃金改定に伴う管理員や清掃員の人件費見直しの影響も大きい。

東京にある単棟型のBマンションのケースで、人件費の増加幅を計算してみた。2017年度と22年度での数字を比べたものだ。

管理員1名が、最低賃金時給1072円（22年度）、平日9～17時（休憩1時間除く）、週5回働いているとしてざっと計算すると、同じ勤務時間でも5年前に比べ月額1万5960円、年間19万1520円も違う。

年間19万1520円の違いも
—最低賃金引き上げに伴う人件費差／Bマンションの場合—

	東京の最低賃金	1日勤務	1カ月勤務
2022年（令和4年）度	時給1072円	1072円×7時間＝7504円	7504円×20日＝15万0080円
2017年（平成29年）度	時給958円	958円×7時間＝6706円	6706円×20日＝13万4120円

（出所）筆者作成

最低賃金引き上げの影響もあり、ここ5年ほどで数回、管理会社に支払う管理委託費（管理員や清掃員などの人件費はこれに含まれることが多い）を値上げしたというのはよく聞く話だ。

機械式駐車場の維持費も重い。ガソリン代の高騰やカーシェアリングの浸透、シニア層の免許返納により、マイカーを持つ家庭が減り、駐車場も空きが目立っている。その結果、駐車場の使用料が思うように集まらず、管理組合会計の圧迫につながっている。

空き区画が多いのであれば、これを機に駐車場の縮小を検討してもよい。保守点検や部品交換、塗装費用、電気料金などの維持費を大幅に削減できる可能性がある。

管理費値上げは最終手段

管理費等をいきなり値上げすれば、滞納する組合員が多発する問題にもなりかねない。値上げをできるだけ回避するため収入を増やす方法もあるが、まずは費用対効果を検討しつつ、マンションの規模や特性に合った支出の削減を検討したい。

例えば、照明灯の一部を間引きタイマー設定などで点灯時間を短縮する、ＬＥＤ（発光ダイオード）の照明や電球に切り替える、電子ブレーカーを導入するといった共用部分の電気料金を削減する方法が考えられる。ほかにも、保険を現状よりも長期契約にする、管理員や清掃員の勤務時間を支障のない範囲で短縮するなどの方法も候補となる。

植栽が多いマンションでは再見積もりすると、剪定・消毒する樹木が立ち枯れなどで新築当初より減っており、費用を見直して削減できる可能性がある。花壇はコミュニティー形成の意味も兼ねて住民が苗植えや施肥、水やりなどするのも手だ。その際、行政の助成金や補助金を活用できる場合もある。

管理費は、一度値上げすると値下げできないケースがほとんどだ。やむなく値上げを検討する場合は、シミュレーションなどを示して組合員にわかりやすく説明し、アンケートなどで意見を取り入れながら進めることが重要だ。

【週刊東洋経済】

本書は、東洋経済新報社『週刊東洋経済』2023年1月7日・14日合併号より抜粋、加筆修正のうえ制作しています。この記事が完全収録された底本をはじめ、雑誌バックナンバーは小社ホームページからもお求めいただけます。

小社では、『週刊東洋経済 eビジネス新書』シリーズをはじめ、このほかにも多数の電子書籍ラインナップをそろえております。ぜひストアにて「東洋経済」で検索してみてください。

『週刊東洋経済 eビジネス新書』シリーズ

No.421　年金の新常識
No.422　先を知るための読書案内
No.423　欧州動乱史
No.424　物流ドライバーが消える日

No.425　エネルギー戦争
No.426　瀬戸際の地銀
No.427　不動産争奪戦
No.428　インフレ時代の資産運用&防衛術
No.429　人口減サバイバル
No.430　自衛隊は日本を守れるか
No.431　教員不足の深層
No.432　ニッポンのSDGs&ESG
No.433　独走トヨタ　迫る試練
No.434　変わる相続・贈与の節税
No.435　東芝の末路
No.436　食糧危機は終わらない
No.437　ゼネコン　両利きの経営
No.438　すごいベンチャー2022〔前編〕

No.439　すごいベンチャー2022〔後編〕
No.440　宗教　カネと政治
No.441　岐路に立つ鉄道
No.442　学び直し全ガイド
No.443　米中　大動乱
No.444　高揚するコンサル　したたかな弁護士
No.445　半導体　復活の足音
No.446　氾濫するPR
No.447　総孤独社会
No.448　認知症　全対策
No.449　武器としての名著
No.450　世界と日本の焦点　2023

週刊東洋経済eビジネス新書　No.451
マンション　熱狂と盲点

【本誌（底本）】
編集局　佃　陸生、森　創一郎、梅咲恵司
デザイン　藤本麻衣、熊谷真美、中村方香
進行管理　三隅多香子
発行日　２０２３年１月７日

【電子版】
編集制作　塚田由紀夫、長谷川　隆
デザイン　大村善久
制作協力　丸井工文社
発行日　２０２４年３月２１日　Ver.1

発行所　〒103-8345
東京都中央区日本橋本石町1-2-1
東洋経済新報社
電話　東洋経済カスタマーセンター
03（6386）1040
https://toyokeizai.net/
発行人　田北浩章

電子書籍化に際しては、仕様上の都合などにより適宜編集を加えています。登場人物に関する情報、価格、為替レートなどは、特に記載のない限り底本編集当時のものです。一部の漢字を簡易慣用字体やかなで表記している場合があります。本書は縦書きでレイアウトしています。ご覧になる機種により表示に差が生じることがあります。

※本刊行物は、電子書籍版に基づいてプリントオンデマンド版として作成されたものです。